本专著受教育部人文社会科学研究青年基金项目“媒介融合背景下多模态新闻语篇评价策略研究”（14YJCZH203）资助。

本专著系教育部人文社会科学研究青年基金项目“媒介融合背景下多模态新闻语篇评价策略研究”（14YJCZH203）的最终研究成果。

多模态新闻语篇图文互动评价机制研究

张欢雨　著

北京工业大学出版社

图书在版编目（CIP）数据

多模态新闻语篇图文互动评价机制研究 / 张欢雨著 .
— 北京 ：北京工业大学出版社，2024.1重印
ISBN 978-7-5639-6947-0

Ⅰ . ①多… Ⅱ . ①张… Ⅲ . ①新闻报道—研究 Ⅳ .
① G212

中国版本图书馆 CIP 数据核字（2019）第 185227 号

多模态新闻语篇图文互动评价机制研究

著　　者：张欢雨
责任编辑：邓梅菡
封面设计：点墨轩阁
出版发行：北京工业大学出版社
（北京市朝阳区平乐园 100 号　邮编：100124）
010-67391722（传真）　bgdcbs@sina.com
经销单位：全国各地新华书店
承印单位：三河市元兴印务有限公司
开　　本：710 毫米 ×1000 毫米　1/16
印　　张：9.5
字　　数：190 千字
版　　次：2021 年10月第 1 版
印　　次：2024 年1 月第 3 次印刷
标准书号：ISBN 978-7-5639-6947-0
定　　价：52.00 元

作者简介

张欢雨（1980—　），男，江苏苏州人，常熟理工学院副教授，主要从事语用学和社会语言学研究。

前 言

新媒体的发展极大地丰富了新闻语篇的呈现形式，使之从单一模态向文字、图片、视频等共存的多模态符号体系发展。新闻报道的主观化研究已经得到学界的重视，但大多集中在文字语篇中，对新闻报道中的其他模态关注较少。

新闻报道日益多模态化，图文互动已经成为新闻语篇的主流表达形式。新闻报道虽然反映现实，但其中也会带有报道者的主观态度和情感，文字和图片已经成为一个综合评价体。本书借鉴视觉语法和评价理论，探讨新闻报道中图文互动的评价机制，并对中西方媒体的相关报道进行对比分析，揭示其中的主观因素。

本书的主要目标是将多模态符号学的研究成果应用于新闻语篇评价机制的构建。而将多模态符号学运用于新闻语篇的实证研究中，需要确定图像和文字之间的关系，即这些符号在产生意义的过程中是怎样相互协调、构成一个和谐整体，从而发挥评价功能的。本书致力于探索图像的表意机制、图像的评价模式、图文互动的评价机理，从而揭示其在新闻语篇中的综合评价效果，设计一个操作性强的分析框架来揭示多模态新闻报道中的观点和态度。

为了验证该分析框架的实际效果，我们运用该评价模型对比分析了中西方媒体对一些关注度较高事件的相关报道，如巴黎恐怖袭击、墨西哥地震等相关新闻。本书选取了具有代表性和权威性的媒体——纽约时报、华盛顿邮报和中国日报等媒体的官方网站作为新闻报道的取样来源。

传统印刷媒介中新闻报道的评价机制已经得到了充分阐释，但它们主要针对语言文字。本书通过剖析图像模态的特点和图文之间的复杂关系，试图构建图文互动的多模态新闻语篇的评价机制，以补充和发展现有的新闻语篇评价体系。本书也能帮助读者剖析多模态新闻语篇中所包含的态度、观点和立场，提高其批评性阅读和多元识读能力。

前言

目　录

第一章 导 论

随着互联网的广泛应用，电脑、智能手机等高科技产品成为传播的主流工具，各种媒介趋向融合。新闻语篇普遍呈现多模态化，文字、图片、动画和视频等交织出现在新闻报道中，主要通过语言文字表达意义和态度的做法已逐渐被多种模态共存的复合话语所取代。各种模态的评价机制，以及模态之间互动所产生的综合评价效果等研究问题也就应运而生。

第一节 国内外研究现状和趋势

语言学界对话语中评价现象的关注始于 20 世纪 70 年代，这些研究从不同角度考察了这一现象，詹姆斯 · R. 马丁在系统功能语言学人际意义的基础上不断发展和完善，提出了评价理论，真正开始了对语篇中评价资源的系统化和规范化研究。目前，新闻语篇评价已经成为语篇评价研究中的主领域之一，国外学者对此进行了大量的探索，如：怀特论述了新闻语篇中的评价手段；贝德纳雷克在分析了 100 多篇报刊文章的基础上研究媒体语言的评价。国内学者同样对新闻语篇的评价给予了极大关注，如辛斌探讨了新闻语篇转述引语的批评性分析；王振华论述了“硬新闻”中的态度；刘世铸、韩金龙探讨了新闻语篇的评价系统；段业辉等论述了新闻语言的主观化；裘燕萍探讨了部分投射在新闻语类中的评价功能；王天华探讨了新闻语篇中的隐性评价意义。其他学者也纷纷提出理论模型来探索新闻语篇的评价机制。国内外学者对传统媒介中新闻语篇的评价研究深入而富有成效，但对于新媒体中非语言符号的评价机理还缺少系统的研究。

在以往这类研究中，评价对象一般限于文字，对其他非语言符号的评价资源关注较少。随着现代网络媒体的兴起，要对新闻语篇的评价资源作出全面深入的分析，就必须构建一个多模态语篇评价机制，进一步发展和完善评价理论。多模态评价已经成为有待研究者去开拓的新空间。在新闻媒体网络化和多媒体化的今天，配有图片的新闻报道已经成为主流，图文互动的评价模式已经成形。

我们对于图像评价功能的研究还不够系统，但作为一种评价资源，它们的重要性丝毫不比文字部分小。

图片所表达的评价意义往往不是外露的，不像文字语篇中有表示“好坏”“美丑”等显性的评价词。图片评价一般是隐性的，需要受众或学者在理性分析后揭示出来。所以就需要先揭示出新闻图片所要传达的内涵，再用评价理论来展开分析。当代多模态新闻语篇主要以图文互动的形式呈现，因此图片的评价意义就成了评价研究的新问题。要揭示图片的评价意义，首先要能准确判断图像所传达的基本内涵。

要揭示图像的表意机制，就需要借助多模态符号学的研究成果。作为社会符号学的一个应用型分支，多模态符号学既是一门新兴的“学科”，又是一类值得研究的“领域”。相关研究发端于 20 世纪 90 年代中期，奥图尔对展览艺术进行了分析；冈布里奇阐述了视觉图像在语篇中的重要地位；克雷斯和范勒文则把系统功能语言学理论运用到非语言符号的阐释中，建构了一个较为完善的分析视觉图像的语法框架；沃克研究了语篇中字体和排版的表意特性。但是，当前多模态符号学研究多集中在单一模态的表意机制上。除了研究单个模态，符号或模态之间的相互关系和复杂互动，即“模态间性”或“符际间性”，以及由此带来的意义衍化和整合也已经引起了学者们的关注。马丁尼克和萨尔韦系统论述了新旧媒体中的图文关系，建立了一个分析多模态话语中图文关系的综合模式；罗伊斯阐述了多模态语篇的分析框架，图文关系语法被应用于研究各种模态间关系中；在文托拉、莫亚和杰维特的文集中，多项对于模态间关系的研究运用了上述分析模式。

我国的多模态符号学研究也取得了丰硕的成果，如李战子从社会符号学角度阐释了多模式话语分析；胡壮麟论述了社会符号学研究中的多模态化；顾曰国剖析多媒体、多模态学习模型；朱永生探讨了多模态话语分析的理论基础与研究方法；张德禄探讨了多模态话语分析的研究框架；杨信彰探讨了多模态语篇分析与系统功能语言学的关系；张德禄等研究了多模态话语中各模态的协同关系；李战子、陆丹云进行了社会符号的多模态化研究。这些研究为多模态语篇分析提供了理论依据和分析方法，也为揭示多模态语篇的评价意义创造了条件。

国内外学者还较少把“模态间性”的理论成果运用于新闻语篇的实证研究中，来系统考察媒介融合背景下多模态新闻语篇的评价机制，而这正是本书的研究目标。马丁和罗斯不仅系统地论述了文字符号中的评价意义，还将他们的分析扩展到了其他视觉符号，勾勒出了图像模态的评价模式，只是这一部分的论述没有得到足够的重视。近几年，多模态话语分析与语篇评价的结合逐渐引起了学界的注意。陈瑜敏论述了奥运电视公益广告多模态评价意义；冯德正、亓玉杰探讨了多模态语篇中态度意义的建构；石春煦、王振华揭示了多模态历史教科书中的评价语义。但学界对新闻语篇的多模态评价研究还不够系统。本书试图在这一领域作出尝试，将评价理论和视觉语法相融合，探索图文结合的综合评价模式。

漫画是图片的一种，也是多模态新闻语篇中的重要组成部分，常常带有隐喻和讽刺的功能，其评价意义不容忽视。近年来，国内外学者从多模态话语分析视角对漫画进行了较为系统的研究，但大多数研究集中在漫画的隐喻功能上，如奥图尔在讨论展览艺术语言时，提及了漫画的多模态符号意义；福塞维尔专门论述了广告中的图像隐喻；潘艳艳分析了政治漫画中的多模态隐喻；俞燕明阐述了新闻漫画多模态隐喻的表征方式。从以上的代表性研究来看，漫画的评价功能还没有引起学界的足够重视，这也成了本书希望尝试和努力的方向。

第二节　多模态新闻语篇评价研究概述

一、研究背景

随着媒介的多媒体化和网络化，纯粹的文字报道正逐渐被图文交互的多模态新闻语篇所取代。在很多国内外主流媒体的网站上（如美国有线电视新闻网CNN、英国广播公司BBC、新华网等），甚至专门出现了以新闻图片为主的读图版块，即新闻报道以直观形象的图片为主，同时配以简短的文字说明。

新闻报道虽然声称或力争客观中立，其语言文字的表述却很难做到不偏不倚，因为报道者会自觉不自觉地把自己的观点、态度明确或隐含地表达出来。而新闻图片，特别是照片更加容易获得受众的信任，因为它们被认为是对事件、人物、环境的真实写照，不易受到报道者主观因素的影响。

但新闻图片乃至照片也是一种表意符号，其表达方式也受到报道者的主观控制。照片如何取景、从哪个角度拍摄、光线的明暗调节、框选的内容、再现的方式都带有主观因素，可以透露出作者的态度、情感和观点。因此，图片也具有评价功能，但具有较强的隐蔽性，比文字模态更有说服力，人们往往对它们所传达的意义和根植于其中的意识形态深信不疑。

二、研究意义

国内外学者已经充分论述了传统印刷媒介中新闻报道的评价机制，但论述主要针对语言文字。本书通过剖析新闻媒体中不同模态的特点和它们之间错综复杂的关系，试图构建多模态新闻语篇的评价机制，可以补充和发展现有的新闻语篇评价体系，具有重要的理论价值。

本书的研究成果能指导新闻机构和报道者用多模态方式在新闻媒体上更生动全面地表达观点和立场；另一方面，本书能帮助读者剖析多模态新闻语篇中所包含的态度和立场，提高其批评性阅读和多元识读能力。

三、研究目标

本书的主要研究目标是将多模态符号学，特别是“模态间性”的研究成果应用于新闻语篇评价机制的构建。探索图像的表意特征和图文之间的相互关系，研究他们在新闻语篇中的综合评价效果，设计一个可操作性强的分析框架来揭示多模态新闻报道中的观点和态度。

将多模态符号学运用于新闻语篇的实证研究中，需要确定不同符号系统之间的关系，即这些符号在产生意义的过程中是怎样相互协调，构成一个和谐整体，从而发挥评价功能的。但我们对不同模态之间相互组合的规律性和特征仍然缺乏深入研究。胡壮麟指出：“多模态的互动，如各种模态是何时、何处加以整合，它们之间是互补还是重复，是同时出现还是有先后次序等，在今后的研究中都将受到特别重视。”因此这成了本书的一个重点和难点，我们在这方面力求取得突破。

如何将“模态间性”的研究和语篇评价机制相结合是本书研究的另一个重点，即探索多模态新闻语篇中不同符号是如何在复杂互动过程中产生的整体评价意义。由于评价理论主要是针对语言文字的，对其他模态的分析才刚刚起步，而且分析效果也有待验证，这造成了理论上的不足和研究上的困难。如何针对不同模态的特点和他们之间错综复杂的关系，来检验、补充和改进现有的评价体系是本书研究内容的重中之重。

四、研究内容

通过探索新闻语篇中图文模态的表达特征和符号之间的关系，即“模态间性”，来构建跨模态的图文互动综合语义分析模型。确定新闻报道中各种模态，特别是图像所特有的表达特征，对图文模态的表意机制作统一描述，这是构建跨模态分析模型并进行语篇分析的前提。探索图文模态间的关系和互动模式，从而建立分析跨模态语义关系的框架，构建多模态新闻语篇的综合多符号模型。诠释“模态间性”引起的意义变化和扩展，包括两大机制，即共同空间性和符号隐喻性。

将“模态间性”的研究成果与语篇评价理论的各个子系统相结合，探索新闻语篇的评价意义是如何在图文模态之间的互动中构建的，进而构建多模态新闻语篇的综合多符号评价模型。

确定多模态新闻语篇中图文各自所特有的评价机理，探索各种模态之间的互动所形成的综合评价机制，包括评价意义的强化、抵消、补充、扩展等复杂关系。

为了验证该分析框架的实际效果，我们运用该评价模型对比分析了中西方媒体对一些关注度比较高事件的相关报道，如巴黎恐怖袭击、墨西哥地震等。选取了具有代表性和权威性的媒体——华盛顿邮报和中国日报等作为新闻报道的取样来源。为了便于新闻图片的分析和采集，主要在这些媒体的官方网站上进行了相关报道的选取。

五、理论框架

本书将克雷斯和范勒文的视觉语法与马丁和怀特的评价理论相结合，探索多模态新闻语篇评价意义的生成模式。我们首先介绍视觉语法的分析框架，揭示新闻图片的表意机制；其次介绍如何运用评价理论来揭示隐含在新闻图片中的评价意义；最后运用模态间关系理论来揭示图片和文字如何协同一致来形成整体评价意义，表达作者的态度、立场和观点。

首先，要构建多模态语篇图文互动的评价机制，需要了解图像的表意机制。克雷斯和范勒文把系统功能语言学运用到非语言符号的解释中，将各类意义的图像特征和实现方式进行了细化，建构了一个较为完善的分析视觉图像的语法框架，能够有效分析视觉模态中除文字之外的其他要素，如照片、漫画、图表、视频等。这个理论框架其实是吸收了哈利迪系统功能语言学的理论。视觉语法认为图像也像语言一样，能同时实现三种元功能。再现意义对应概念功能；互动意义对应人际功能；构图意义对应语篇功能。

在视觉语法中，任何符号模态都能再现现实世界中的物体以及他们之间的关系，视觉符号也不例外，这被称为符号的再现意义。根据图像的不同属性，它们被分为两大类，一类是叙事图像，另一类称为概念图像。所以再现意义可分为叙事再现和概念再现。克雷斯和范勒文用了参与者来指代在视觉交流过程中出现的物体或元素。另外，他们认为在任何一个符号行为中，都存在着两种参与者：互动参与者和再现参与者。当参与者被一个矢量连接起来之后，如一条斜线或者视线，他们就会被认为向对方做了某些事情。这种带有矢量的图像模型被称为是叙事图像。而概念再现是不带有矢量的，它们主要是用来表达一种“命题”意义，用于表述正在发生的事件、变化过程等。

互动意义类似于功能语法中的人际功能，指图像创作者、图像中的事物和图像浏览者之间的交互关系。克雷斯和范勒文主要划分了三种互动意义：接触、社会距离和态度。“接触”是指通过视觉交流建立起一种互动的关系。他们认为每一个图像都可以满足两个图像行为：索取和提供。当图像“索取”时，再现参与者会使用矢量把参与者和浏览者连接起来，如直视图像浏览者。当图像“提供”时，再现参与者通常不凝视浏览者，而主要提供信息，科技图表、地图等属于这个类别。视觉语法主要区分了三类“社会距离”：近距离、中距离和远距离。近距离一般只显示人物的头和肩部；中距离一般显示人物膝盖以上的部分；而在远距离中，人物一般占据框架内的一半高度。“态度”主要表达的是一种观点，在视觉交流中态度主要是通过视角来表达的。视角的选择能够表现出再现参与者与互动参与者之间的关系。在视觉语法中，前视视角表示参与和融入；斜视视角表示疏远；俯视视角突出浏览者的权力；平视视角度表示平等；仰视视角突出再现参与者的权力和表述权。

视觉语法中的构图意义对应于功能语法中的语篇意义，指的是再现意义和互动意义的表达元素融合成为一个整体的构造或布局方式。图像的构图意义主要是通过三个相互关联的要素来实现的：信息值、显著性和框架。信息值指的是在一个特定的构图中，各种不同要素的安放和布置方式能够提供特定的信息值。显著性指的是图像中某种元素被突出安排，这种强化和凸显效果可以通过颜色、焦点、视角等手段来实现。框架是通过线条等框选工具来隔开或连接不同的图像元素。

其次，我们需要揭示图像的评价功能，因为它们在以往的研究中没有得到足够的重视。作为一种多模态评价资源，新闻图片的优势是简洁直观和辨识度高，人们往往在阅读文章之前就已经看到了图片，第一印象已经形成。因此图片和新闻标题一样，在新闻语篇的评价意义构建方面，具有举足轻重的作用。另外，受众普遍认为图片客观真实，使其具有很强的说服力。但图像所传达的评价意义往往不是外显的（图片中配有说明文字的除外），具有较强的隐蔽性，所以我们应该探究隐含在图像中的评价意义，提高受众的批判性阅读能力。正因为图像具有客观真实的表象，报道者可以更为有效地通过它们来表达自己的态度和观点，影响受众的认知和意识形态，引导社会的舆论走向。图片既可以单独表达观点，也可以和文字互相印证、相互补充，增强语篇整体的劝服效果。

马丁和怀特提出的评价理论主要是针对文字语篇，即显性的词汇和语法评价资源。其实语篇中评价无处不在，图像也可以发挥这样的作用。为了进一步扩展评价的研究对象，我们认为可以把克雷斯和范勒文的视觉语法融入评价理论中，构建图片评价的分析模型。主要分为三个方面，即评价种类、评价模式、评价负载或参数。评价种类分为三类：态度、介入和级差。评价模式涉及的是外显价值和诱发价值。评价参数分为：好与坏（肯定与否定）、必然性、期待和重要性（关联性）。

评价理论主要关注语篇中所表现出来的各种态度、倾向和观点。马丁和怀特的论述，语篇的评价可以分为三个子系统：态度、介入和级差。态度是评价理论的核心部分，它主要指说话者对人的品行、事件或现象等所作的主观判断和评注。“态度”可进一步细分为情感、判断和鉴赏三个子系统。

情感是评价者对被评价者的情绪反应，主要涉及主观心理感受，如快乐、恐惧、悲伤等。情感意义可以分为“反应型”和“欲望型”。前者属于现实型情感，主要关注当下，如快乐 / 悲伤、安全 / 不安全等；而后者属于非现实型情感，主要针对将来，如恐惧和欲望等。判断是根据各种不同的标准来评价人的行为，根据一定的评价标准对被评价者的道德品行作出的价值评判，如强大、愚蠢、聪明等。判断所涉及的范畴相当广泛，涵盖了社会、道德、法律等层面的价值评判。判断分为两个方面：社会评判和社会约束。“社会评判”与人的行为规范、才干、韧性等相关；“社会约束”则与是否真实诚信，行为是否正当合法有关，主要涉及法律和道德层面的评价。鉴赏主要是指对外部事物和过程进行的评价，包括抽象事件、自然事物以及语篇本身。它可以分为三个次系统：反应、构成和价值。反应评价主要涉及过程的影响或质量。构成针对语篇结构的复杂性或细节进行评价。价值根据事件的社会价值对过程进行评价。

最后，多模态语篇分析的一个核心议题就是不同模态或符号体系之间如何协同一致来形成整体意义，传达作者的意图，表达其态度、立场和观点。张德禄论述了多模态语篇各种不同符号系统之间的相互关系和复合模式。多模态语篇各成分模态之间的关系，即“模态间性”主要分为互补和非互补关系。互补关系是一种模态的话语不能充分表达其意义，或者无法表达其全部意义时，需要借助另一种来补充。其他的情况称为非互补关系。互补关系可分为强化关系与非强化关系。在非互补关系中，第二种模态对第一种在意义的体现上并没有大的贡献，但仍然作为一种模态出现，主要体现为以下三种关系：交叠、内包和语境交互。

我们认为这种模态间关系理论同样适用于图文互动的复合评价模式，因为多模态语篇的评价意义也是其表达的整体意义的一个重要组成部分。我们发现图文互动的评价模式主要可以分成两种情况：文字和图片表达的评价意义不尽相同，但是两者之间存在着互相支持和印证的关系，增强新闻语篇的整体劝服能力；文字和图片的评价意义相近，两者之间存在着强化的关系。

六、数据与研究方法

本书将多模态符号学与语篇评价理论相结合，运用符际间性的研究成果，进一步发展以评价理论为核心的语篇评价机制，建构一个能有效分析多模态新闻语篇评价资源的理论框架，并用大量实证研究来检验其有效性。首先，分析多模态新闻报道中图片所特有的表达特征和评价功能；其次，通过探索图像与文字之间的复杂关系来建立分析跨模态关系的框架；再次，将这些图文互动规律与以评价理论为核心的语篇评价机制相结合，来探索图文互动所产生的综合评价意义。

本书采取实证研究，语料主要采自网络媒体，将有影响力的刊物、电台的网站作为新闻语篇的来源，如纽约时报、美国有线电视新闻网、人民日报、中国日报等权威媒体。拟选取 1000 篇左右最近十年的新闻报道，提取其中的评价要素，并进行归类整理。

探索不同模态或符号的评价机制，以及它们如何在语篇中整合并产生综合评价意义是本书的重点。这方面的研究拟采取莱姆基的研究方法，即先分后合，先分析清楚单个的符号系统，然后将其整合。

在进行多模态新闻评价体系建构的时候，会涉及语篇评价理论和模态间性研究之间的复杂互动，所以手工的文本分析是主要的研究方法。由于涉及文字、图片和动画等不同的评价要素，本书将主要采用描述性和阐释性的定性分析方法。

第二章 图像的表意机制

作为一种多模态评价资源，新闻图片的优势是简洁直观和辨识度高，人们往往在阅读文章之前就已经看到了图片，极具影响力和感染力。因此图片与新闻标题一样，在新闻语篇的评价意义构建方面，具有举足轻重的作用。而要构建多模态语篇图文互动的评价机制，首先需要了解图像的表意机制。本书在克雷斯和范勒文视觉语法的基础上对新闻语篇中图片的表意机制进行了详细的梳理和例证分析。

第一节 图像的基本功能

系统功能语言学认为语言具有三大元功能——概念功能、人际功能和语篇功能，这对于多模态视觉分析框架的形成具有决定性的影响。社会符号学认为图像或图形元素与其他的符号资源一样可以完成特定的符号任务，即它们也可以同时实现这三大元功能。克雷斯和范勒文吸收了哈利迪的功能语言学理论，并把它扩展到对图像的分析中去，认为图像也像语言一样，能同时实现三种基本功能——“再现意义”“互动意义”和“构图意义”。这三个基本功能是和系统功能语言学提出的三大元功能一一对应的：“再现意义”对应“概念功能”；“互动意义”对应“人际功能”；“构图意义”对应“语篇功能”。我们可以通过系统分析图像的这三种元功能来揭示其向读者或受众传达的意义。

一、再现意义

根据系统功能语言学，符号的概念表达功能被称为及物性过程。哈利迪把它们分成了六种子过程：物质过程、心理过程、关系过程、行为过程、言语过程和存在过程。克雷斯和范勒文认为任何符号模态都能再现现实世界中的实体以及它们之间的关系，视觉符号也不例外，这被称为视觉符号的“再现意义”。他们根据图像的不同属性，把这些视觉符号分为两大类：一类是“叙事图像”；另一类是“概念图像”。因此，再现意义可分为“叙事再现”和“概念再现”。“叙事再现”对应于系统功能语法中及物性过程里的“物质过程”“行为过程”

“言语过程”和“心理过程”；“概念再现”对应于“关系过程”和“存在过程”。

视觉语法用了参与者来指代在视觉交流过程中出现的物体或元素。另外，他们还根据功能对参与者进行了细分，认为在任何一个符号行为中都存在着两种参与者：互动参与者和再现参与者。“前者是交际行为（听、说、读、写）中的参与者，图像的创造者或浏览者；而后者构成了视觉交际过程中的主体物质，即在话语，文字或图像中出现的人、物、地点等要素，它们是我们所讲述，写作或描绘的内容。”

换句话说，互动参与者是通过图像与其他交际者互相交流的真实存在的人，而再现参与者是图像中所刻画的人物、事物、地点等要素，它们是现实中存在的人与物在图像中的重构，并不是真实存在的。比如说，图像的创造者和浏览者属于互动参与者，他们在特定的社会机制和环境下创造图像，并让图像产生意义。另一方面，一幅油画中出现在房间里的少女以及为她梳妆打扮的女佣属于再现参与者，地图上的图例，如山脉、河流、城市、铁路等所用的符号同样属于这一类，它们由各种大小、粗细、颜色不同的点、线、图形等构成。互动参与者可以再现和还原不同的社会背景下的再现参与者。

当两个参与者被一个“矢量”——如一条斜线或者视线——连接起来之后，其中的一方就会被认为采取了某种行动，影响到了另一方，从而使他们之间产生了某种联系。这样的矢量化模式被称为“叙事再现”，从而造就了“叙事图像”。相应的，如果图像中的视觉元素没有被“矢量”连接，那么这样的图像就被称作“概念图像”，从而形成了“概念再现”。

很多元素都可以成为矢量，如手指的指向、箭头、手势或能够清晰表明动作者意图的其他要素。这种带有矢量的图像模型被称为“叙事图像”。因此，区别“叙事再现”和“概念再现”的关键点就是“矢量”，即叙事结构总是拥有矢量，而在概念结构中不可能存在矢量，它们主要用来表达一种“命题”意义，用于表述正在发生的事件、变化过程、临时的空间安排等。

（一）叙事再现

克雷斯和范勒文认为“叙事再现”可以被细分为五种视觉过程，即“行为过程”“反应过程”“言语过程”“心理过程”以及“转变过程”，但是他们认为“言语过程”和“心理过程”其实是同一个过程，可以认为一共只有四种视觉过程。

在“行为过程”中，矢量的发出者被称为“动作者”，而矢量的指向便是动作的接受者，被称为“目标”。“行为过程”可以分为两个类型：“交互过程”

和“非交互过程”。当图像中既有“动作者”，又有“目标”时，这一过程就被称为“交互过程”；而当图像中只有“动作者”，而没有“目标”时，这一过程则被称为“非交互过程”。它们之间的区别类似于及物动词和不及物动词的区分。

比如，在《中国日报》2018年1月26日刊发的题为《马林·契利奇击败凯尔·艾德蒙取得澳网公开赛冠军》的报道中配发了图片（图2–1–1）。该报道主要讲述在澳大利亚网球公开赛决赛中，克罗地亚的网球选手马林·契利奇击败了来自南非的著名选手凯尔·艾德蒙，从而进入了决赛。这个图像中契利奇飞速扑向对方击来的球，身体正在快速移动，整体重心向来球的方向倾斜，球拍对准了球，准备蓄势猛击。这几根虚拟的线条都是这个画面中的“矢量”，而契利奇本人就是“动作者”，球是“目标”，所以这一画面展示的是一个典型的“交互过程”。

图2–1–1　网球选手马林·契利奇

在“反应过程”中，“矢量”可以通过视线，抑或是“再现参与者”目光的投射方向来表达。在这类情况下我们讨论的范畴更为确切地说其实是“反映者”和“现象”，而不再是“动作者”和“目标”。“反映者”指的是那些发出“看”这个动作的参与者，而“现象”是“反映者”正在注视的那个或那些参与者（既可以是人也可以是物）。如在上例中，如果我们从另一个维度进行观察，就可以发现，契利奇的眼睛紧盯着来球，保持了紧绷的神经，该球手属于“反映者”，而球属于“现象”，从而构成了一个“反应过程”。

所谓的“言语过程”和“心理过程”，或者是我们在这个理论框架里面把它们简称为“言语心理过程”，是一种思维气泡或对话气球，它们可以用来连接说话者 / 思考者和其产生的话语 / 想法。在这样的情形中，我们用“感知者”

和“现象”这两个术语来描述思维气泡里外的元素；而用“说话者”和“话语”来指代对话气球内外的元素。如在图 2-1-2 中，丈夫和妻子在吃完饭后，争先恐后地要求洗碗。在这幅画面中，丈夫和妻子都是“说话者”，而“你还是歇着吧”和“老婆，我来洗”这两句话被气泡包围，在“言语过程”中就充当“话语”的作用。

图 2-1-2 丈夫与妻子的对话

“转变过程”在陈述自然事件的时候会非常普遍地出现。这一过程把交际描述成为一个链式反应或循环，比如说描述食物链的这种图像就属于典型的“转变过程”的表征。比如图 2-1-3 中描述了氮磷化合物是如何通过食物链的传导最终转化为一条大鱼的过程。图片所描述的是一个从无机物到有机物，从微生物到大型动物的食物链转化过程。这其实描述的是一种物质和能量的转换过程，具有明显的指向性，其中的箭头表明了转化发生的方向，因此就是“转变过程”中的“矢量”。

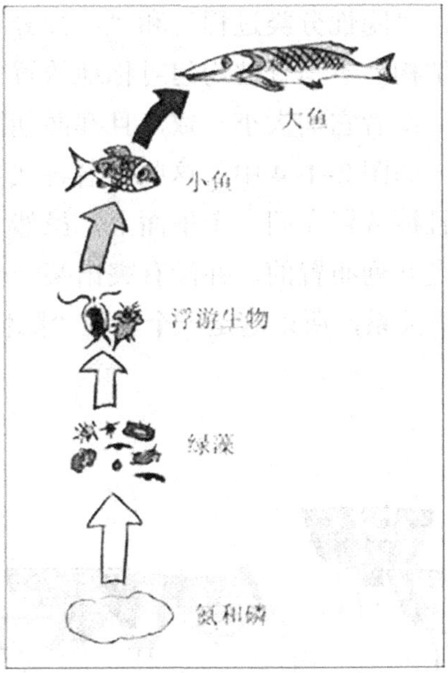

图 2-1-3　物质和能量的转换过程

但是也有一些叙事图像可能会包含“二级参与者”，它们并不是通过“矢量”与“主参与者”（一级参与者）联系起来的，而是通过其他不同的途径。克雷斯和范勒文把这种参与者称作“环境要素”。环境参与者即使被排除在外，也不会影响叙事图像的基本意义。但是它们的删除不可避免地会带来信息的丢失。他们区分了三种不同的“环境要素”：“布局”“方式”和“伴随”。“布局”要素主要指的是将一个特定的参与者和其他参与者联系起来的位置要素；“方式”要素主要描述了动作过程中使用的工具；“伴随”要素指出的是两个或两个以上参与者之间的隐性关联，但是他们之间却没有矢量把他们连接起来。

（二）概念再现

“概念图像”再现了图像中的参与者在种类、结构或意义等方面相对更为抽象、稳定以及持久的属性。与“叙事再现”类似，在视觉语法中，“概念再现”也可以细分为三种过程：“分类过程”“分析过程”和“象征过程”。

1. 分类过程

“分类过程”指的是将参与者按照一定的关系或秩序关联起来，在这个体系中，至少有一组参与者会扮演“从属者”的角色，而至少一个参与者会成为它们的“上级”。分类过程并不简单反映真实或自然的分类，反之，参与者们被放在一起建立新的分类，它们被解读为是属于同一大类的成员。分类过程还可以被细分为两个子类："隐性分类过程"和"显性分类过程"。"隐性分类过程"一般呈现出平行结构，参与者被均匀对称地放置在图像中，或者至少它们之间的间距是一致的，或者它们大小一致，且都面朝同一个方向。这种布局一般被用在广告图片中。如图 2-1-4 中的这些盛着各式各样酒的酒杯，它们之间的间距基本一致，并且被放置在同一个平面上，虽然大小有所差异，但是给受众带来的整体感觉还是并列布置的，并没有突出某一个酒杯，我们也无法看出它们之间有明显的层级关系，所以这是一个表征"隐性分类过程"的图像。

图 2-1-4 酒 杯

"显性分类过程"一般呈现链式结构，它们之间通常存在层级差异，处在同一层次的参与者被认为是属于一个种类的，比如树形图、流程图和网状架构图都属于这种"显性分类过程"。在图 2-1-5 中就展示了一个网状架构图，表明了现代信息技术支撑下的互联网和通信的基本架构，人与人之间形成了一个网络化的结构，他们通过不同的信息终端，如智能手机、平板电脑、笔记本电脑、桌面电脑等进行互相连接，最终形成互联网进行信息交流，其中的各种元素并不是并排出现的，而是呈现出网状结构。

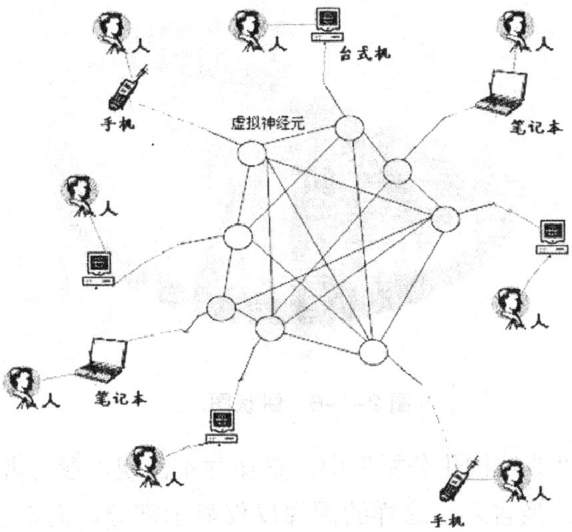

图 2–1–5　网络化的结构

2. 分析过程

“分析过程”可以分为“结构化分析”和“非结构化分析”。在“结构化分析”过程中，参与者们处于一种整体—部分的关系结构中。克雷斯和范勒文认为它们可以分为两类：“载体”（整体）和任意一个该载体所“拥有的属性”（部分）。比如说，地图就表达了一种结构化的分析过程。

根据克雷斯和范勒文的观点,“结构化分析”过程还可以再进一步分解为“时间”和“空间”分析过程。这样的分析过程主要包括可穷尽的和包含性的分析结构、联合和复合的可穷尽结构、地理和拓扑过程、多维度和量化的拓扑结构、时空结构等，它们都属于“时间”和“空间”分析过程。比如说表示人类演化进程的图片、饼状图、柱状图、刻度图都可以包含在“结构化分析”过程中。如图 2–1–6 所示的饼状图就是用几何平面结构来展示数量的比例关系，属于“空间”分析过程。

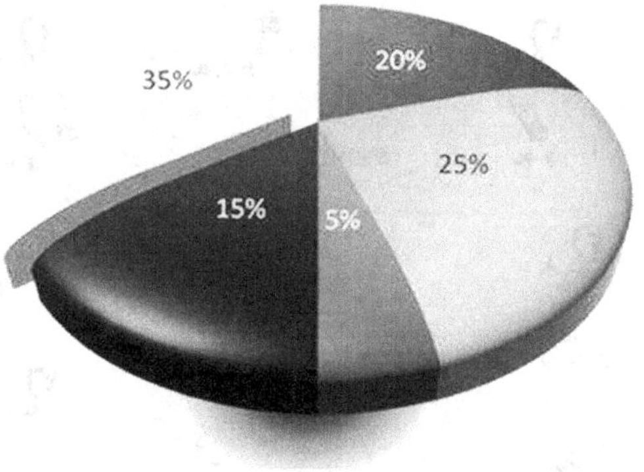

图 2–1–6　饼状图

相对而言，在“非结构化分析”中，整体并不出现，参与者都是组成部分，没有组成一个整体。换言之，这样的图像仅仅显示部分，而不展示这些部分是如何结合在一起从而构成一个整体的。这种“非结构化分析”过程类似于一个次序紊乱的列表。比如说，一张图片仅仅展示一辆汽车前脸的各个部分，如车灯、发动机盖、进气格栅等，而不展示整个前脸，我们只知道前部有哪些要素，但是不知道这些要素构成的整体是如何布局的。又比如说，一张图片仅仅展示组成手表的全部零件，而不展示这些零件应该如何组成一个完整的手表，如图 2–1–7 所示，我们只能看到一大堆散乱的手表零件，如齿轮、机械连杆等构件，但是无法知道手表的真实面貌。这些概念图像都可以被认为是展现了“非结构化分析”过程。

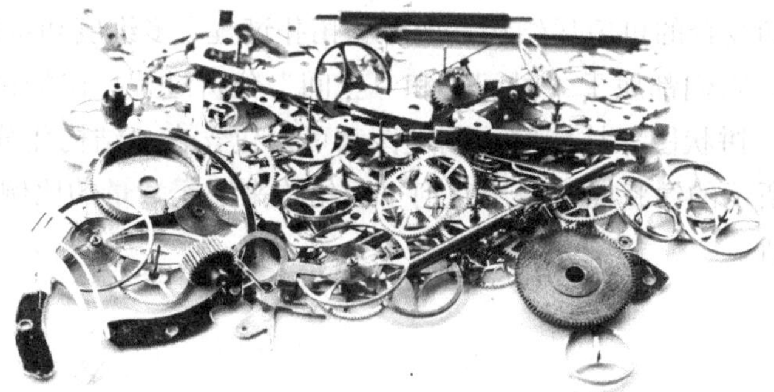

图 2–1–7　手表零件

3. 象征过程

“象征过程”主要是指参与者是什么或意味着什么。克雷斯和范勒文认为象征过程也可以分为两类：“象征属性”和“象征暗示”。“象征属性”意味着图像中至少有两个参与者——“母体”和“象征属性”，即象征意义是通过某个元素明示出来的，如苹果代表诱惑，大象象征无能，而毒蛇代表邪恶。下面的例子图 2-1-8 讲述的就是亚当和夏娃经受不住诱惑而吃了禁果，被上帝赶出伊甸园的故事。因此，对于“象征属性”而言，象征意义是通过一些特征表达出来的，如通过一个箭头或手势的指向来凸显某一图像要素。

图 2-1-8 亚当、夏娃偷吃禁果

而“象征暗示”则是指图像中只有一个参与者——“母体”，在这种情况下，其象征意义是暗示出来的。例如，我们在一些画中，可以发现画家用一种柔和的淡色调去表达“温和”；或者是用亮眼的橙红色表达夏夜中的激烈情绪。在这一类的图像中，作者往往偏向于使用一种总体的颜色和构图效果而不是对细节的表达来刻画“母体”，从而将象征意义暗示出来。

二、互动意义

互动意义类似于功能语法中的人际功能，指图像创作者、图像中的事物和图像浏览者之间的交互关系。克雷斯和范勒文指出视觉语法主要包含三种互动意义：“接触”“社会距离”和“态度”。

（一）接触

“接触”是指通过视觉交流建立起一种互动的关系。哈利迪在《系统功能语法导论》中描述了四种言语功能（言语行为）：①提供信息；②提供货物和服务；③索取信息；④索取商品和服务。这些言语行为是通过“情态”的语言体系实现的。克雷斯和范勒文的视觉语法从系统功能语法中借鉴了“情态”概念，并把它扩展到了视觉交际过程中。他们认为每一个图像都可以满足两个“图像行为”：“索取”和“提供”。“图像行为”指的是图像创作者使用图像对图像浏览者所做的行为。

当图像“索取”时，再现参与者会使用矢量把自己和浏览者（互动参与者）连接起来，即直视图像浏览者。因此，某种特定的联系被建立起来，特定的社会关系也因此被建立起来。但是，这一类发生在图像和浏览者之间的接触往往只产生于想象层面，特别是当图像中只有一个再现参与者的时候。其中的再现参与者可以是人，也可以是动物，还可以是拟人化的事物。

当图像“提供”时，再现参与者通常不会凝视浏览者，而是主要提供信息。因此科技类图像，如地图、航海图、设计图等属于这个类别，它们提供给人类以特定的知识和信息。我们认为不同的图像可以帮助再现参与者与互动参与者建立起不同的社会联系，从而实现不同的图像行为。

（二）社会距离

在日常交际中，社会距离决定了社会关系，反之亦然。就像“接触”中的“索取”和“提供”能够建立特定的人际关系，距离的选择也能揭示和再现参与者和互动参与者之间在交际过程中的复杂关系。克雷斯和范勒文区分了视觉语法中的三类“社会距离”：近距离、中距离和远距离。近距离表示亲密关系，一般只显示人物的头和肩部；中距离则用来指代普通的社会关系，既不亲密，又不疏远，一般显示人物膝盖以上的部分；而在远距离中，人物一般占据图像框架内的一半高度，因此它表达一种客观、疏远的关系。

比如在《中国日报》2018 年 1 月 28 日的一篇题为《费德勒在澳网决赛中战胜契利奇，赢得第 20 个冠军头衔》的报道讲述了著名的瑞士网球选手费德勒在 2018 年的澳大利亚网球公开赛中击败了克罗地亚选手马林·契利奇，夺得了冠军。该报道的配图（图 2–1–9）就非常生动地捕获了费德勒获奖时喜悦和兴奋的表情，该图像展现人物的方式是一个典型的“近距离”，因为图片基本上只描绘了人物肩部以上的身体部分，表达出一种亲密感，潜在地传递出一种对费德勒获得冠军的认可和赞同，其实质是传达了一种褒奖的态度和积极的立场。

图 2-1-9 费德勒的获奖时刻

（三）态度

“态度”主要表达的是一种观点，在视觉交流中“态度”主要指的是一种观察维度或分析视角。因此，除了之前讨论过的通过“接触”（图像中的视线或指向等“矢量”）和“社会距离”（图像框选范围的变化），视角的选择也能够表现出再现参与者与互动参与者之间的关系，不同的视角表达了不同的态度和立场。在视觉语法中，前视视角表示参与和融入；斜视视角表示疏远；俯视视角突出浏览者的权力；平视视角度表示平等；仰视视角突出再现参与者的权力和表述权。

图 2-1-9 再现费德勒时所采用的角度就是一个平视的视角，我们是平直地看到这个场景的，充分表现出报道者想要读者拥有一种临场的参与感。该图片给浏览者的感觉就好像自己就在颁奖现场注视着费德勒，因此该图像中的平视视角给了读者一种身临其境的融入感，强化了报道效果。

再如接下来的例子，图 2-1-10 是一个典型的“仰视视角”的构图方式。《中国日报》2018 年 1 月 29 日的一则报道中使用了这幅图片。该图片讲述的是 2018 年 5 月 23 日凌晨，菲律宾阿尔贝省马荣火山爆发，几匹马在附近的一片田野上漫步。该火山位于菲律宾东部，是该国境内最活跃的火山，已经喷发了近两周的岩浆和火山灰。当局警告说，有可能在几天内发生潜在的喷发危险，超过 74,000 人被疏散到了紧急避难所。该图片所使用的“仰视视角”和该报道的文字部分形成了很好的呼应。因为在图片中，正在喷发的火山处于最上部，这是一种突出再现参与者权力和话语权的构图模式。显然这里突出了火山巨大的威力，高高在上，其涌出的熔岩能无情地摧毁一切。两匹马处在画面的下部，体现了在巨大的自然力量面前，动物和人类显得如此渺小和无力。画面中火山喷发出的熔岩和火山灰是有指向性的，这构成了图像交际活动中的“矢量”，不光是指向天空，最终是要回流到地面，对包括人类在内的生物构成严重的威胁。

图 2-1-10　喷发的火山与山下的动物

三、构图意义

在语言文字中，句法研究的是文字的顺序，因为我们一般都是按照文字排列的次序来阅读的。在视觉交际中，相对应的则是一种基于空间关系的构图方式。这一部分将会讨论构图的意义，来揭示画面中的各个不同的部分是如何在符号空间中相互关联并产生意义的，比如说页面、屏幕、帆布表面、广场和城市布局等。

构图意义对应于功能语法中的语篇意义，指的是再现意义和互动意义的表达元素融合成为一个整体的构造或布局方式。根据克雷斯和范勒文的视觉语法，图像的构图意义主要是通过三个相互关联的要素来实现的：“信息值”“显著性”和“框架”。

（一）信息值

“信息值”指的是在一个特定的图像结构中，视觉要素的安放和布置方式包含不同的社会意义，能够提供丰富的信息。克雷斯和范勒文提出的视觉语法认为在解读图像的过程中，我们一般会遇到三种构图模式：“左右布局”“顶底布局”和“中心—边缘布局”。在“左右布局”的图像中，左结构和右结构分别提供“已知”信息和“新”信息；在“顶底布局”的图像中，图像顶部提供超越现实的“理想”化信息——人们的愿望、企图、渴望等，而图像的底部一般提供“现实”信息——世界的本来面目；在“中心—边缘布局”的图片中，人们一般把重要信息放在中心，次重要信息环绕它布置。

1. *左右布局*

该布局主要指的是信息都被安置在一个左右向的轴线上。左和右的区别已经成为一个重要的信息来源，而且在不同的历史阶段和不同的文化中具有不同的含义。人类学家罗德·尼德曼经过研究发现，“左”与“恶劣”相联系，而“右”则与“善良”相关。他还发现另一个左右布局能揭示的比较稳定的社会内涵：女性和左边相关，男性则和右面相关。另一位人类学家罗伯特·赫兹认为这种左右象征体系在很大程度上是和右手的支配地位相关的。由于左右结构在不同的文化中都被赋予了海量的符号意义，在一个特定的结构或构图中，相关元素的左右布局很可能会受到这种约定俗成的象征意义体系的影响。因此克雷斯和范勒文认为在西方文化中“左”通常代表消极意义，而“右”多用于表征积极内涵；“左”一般还和过去相关，而“右”表征现在或当前。但在图像中既有抽象又有具体意义的时候，表达抽象意义的元素一般被安置在左手位置，而表征具体意义的要素则通常位于右边。在系统功能语言学中，哈利迪把这种左右结构归纳为“已知和新信息”结构，克雷斯和范勒文把这一概念扩展到对视觉图像结构布局的分析中，他们认为“已知信息”一般被安排在图像的左边，表示受众已经知晓的信息、常识或人们普遍接受的事实和规则；而那些还存在争议的和各种可能得出的结论，或有待商榷的、不确定的信息则通常被认为是“新信息”，一般被安排在图像的右侧。举例来说，在一幅广告图像的画面结构中，一个美丽的女子或英俊的小伙子被安排在画面的左侧，表示一种约定俗成的美丽定义是“已知信息”；而“新信息”则是广告所要推销的产品，往往会被安排在右边，其潜在含义是：这一产品是人们得到美丽的途径。又比方说，一个健康问题可以被放置在画面左侧作为“已知信息”，而针对这一问题的解决方案、治疗或保健产品则被放置在画面右侧作为“新信息”。

如在下面这个图例 2–1–11 里韩雪代言丁家宜的护肤品广告。在该幅广告图像中，著名演员韩雪位于图像的左侧，作为“已知信息”。该广告的主要意图是通过韩雪洁白娇嫩的皮肤来突出丁家宜护肤品的功效。而在画面的右侧是这则广告主打的丁家宜“水能赋活密集保湿系列”护肤品，显然它们才是该广告意图推广的内容，所以放置在图像的右侧，作为“新信息”。还可以发现，丁家宜这个品牌的商标图案被放置在了画面的左上方，作为已知信息。这是因为该品牌的知名度已经很高，可以放在画面的左侧，和韩雪的形象一起首先引起受众的注意，然后再使人们注意画面右边的新产品，从而达到推广的效果——

用了这个新的系列，女性就可以拥有韩雪那样出色的皮肤和容颜。

图 2-1-11　丁家宜护肤品广告

2. 顶底布局

这种布局是在画面中的元素被相对安排在垂直方向的两极。“上”和“下”在西方文化中其实也携带有大量的隐喻内涵。“上”一般暗示了高高在上，拥有权力和地位，或者可以表征诸如优异、杰出、卓著等积极特质；而“下”则表征位于低处、缺乏权力和地位、低三下四或消极、平庸、无能等意义。克雷斯和范勒文提出了“理想”信息和“现实”信息这两个概念，用以指代“上”和“下”的隐喻含义。“上”表示的是“理想”信息，一般指的是可能发生的和理想化的结果；而“下”则表示的是“现实”信息，即更为实事求是和接地气的结果，或者说是世界的本来面目。举例来说，我们可以在很多广告图片中看到一个美丽的模特位于页面的顶端，而在页面的底部则是美容或护肤产品。在这一类的图像中，顶部的视觉元素表达的是一种理想化的结果或成效，而底部则是达成这种效果的现实解决方案，即通过底部现实的产品达到顶部描绘的理想化效果。

比如在下面这幅护肤品广告图片（图 2-1-12）中，美丽的模特位于图片的上部，提供了一种理想化的信息，女模特的美丽肌肤和舒展的心情，以及作为背景的大海蓝天。这是一种隐喻，表明使用该护肤品的效果——感觉非常清新宜人，而且是纯天然制品，没有任何副作用，使用之后能让人感觉到皮肤焕然一新，犹如海风拂面般的感觉。画面的下部显示的是该产品——“水舞蝶补水系列”，作为“现实”信息，是需要推广的内容。显然该产品的卖点和核心功效就是和“水”相关的，所以女模特如水般娇嫩的肌肤和湛蓝的海水作为“理想化信息”和产品的核心理念“补水”起到了上下呼应的绝妙效果。

图 2-1-12　“水舞蝶补水系列”护肤品广告

3. 中心—边缘布局

第三种意味着画面的视觉布局是按照中心—边缘这一空间维度铺开的。对于放置在图像中心的视觉要素，通常情况下是作为关键信息点的。而相对来说，放置在边缘的画面要素所表征的就是附属或次要信息了。在这种“中心—边缘布局”的图像中，正是中心视觉要素赋予围绕它的其他元素以意义的。通常，中心视觉要素给予其他方位的元素以意义和连贯的属性，如位于其上部的要素，位于其下部的要素，或是处于边缘的要素。如图 2-1-13 所示，这是杨利伟出席党的十七大时新华社记者拍摄的照片，这篇题为《杨利伟在十七大》的新闻报道刊登在 2007 年 10 月 20 日的《浙江日报》上。图中航天员杨利伟站在中间，左右各有两名来自军队的女代表和他亲切地握手交流，她们的目光中透露出崇拜和钦佩的情感。整个图片的结构就是“中心—边缘布局”，即杨利伟是画面的中心，而两侧的军队女性党代表簇拥他站立，占据了画面的边缘部位。这个新闻图片显然达到了突出杨利伟的作用，显示了他深受党和国家的信任，深受全国人民爱戴的主旨，与文字报道形成了很好的呼应。

图 2-1-13　航天员杨利伟出席党的十七大

但是“中心—边缘结构”也可以和先前讨论过的两种构图方式相结合。事实上，我们通常可以在新闻报道图片和广告图片中找到这种图像布局的存在。一种比较常见的该布局方式被称为“三联画”结构，即三个位于不同位置的视觉要素连成一线，它们可能是“上—中心—下”结构，或者是“左—中心—右”结构。现代的“三联画”结构通常以“左—中心—右”的布局形式居多，左边呈现已知信息，右侧则再现未知信息，而中置的视觉要素则有可能是发挥了中介或调停的作用，用于连接左右两边的要素，从而使得整个图像成为一个有机联系的整体。中心要素也可能是整个图像的焦点或核心，而左右两边的视觉元素仅仅是个衬托。但是在其他情况下，“三联画”结构可能仅仅是一个时间、空间等要素按照次序出现的一个线性再现而已。

另一方面，图像中视觉空间排列组合的模式也可以是混合使用以上三种空间位置安排，就是把“已知和新信息”结构、“理想和现实”信息结构、“中心—边缘”结构全部融合在一起。总的来说，图像的左部一般展示已知的内容或信息，而右边则展现那些未知的内容，因此重要信息一般都安排出现在图像的右边。图像顶部一般呈现的是一些理想化的或高度概括的信息核心和精髓部分，而底部一般是现实和具体的信息。对于最后一个结构模型来说，空间位置越接近画面中心，信息越显得重要。

（二）显著性

“显著性”指的是图像中某种元素被凸显的布局，这样做的目的主要是吸引观看者的注意力。“显著性”可以创造出一种重要性的极差分布结构，即图像的构成元素中有些被选定为重要的，有些被选定为不那么重要，所以“显著性”

的本质功能是语篇性的。梅钦在克雷斯和范勒文理论基础上整理了“显著性”的定义，使之变得更为清晰。他认为所谓的“显著性”就是图像中的某个或某些元素被凸显，从而引起读者注意的一种布局。克雷斯和范勒文认为图像中隐含有一些基本的视觉线索来帮助读者判断出凸显的要素。这种强化和凸显效果可以通过“色调变化”“视角”“相对大小”“颜色对比”“焦点”“重合交叉”等手段来实现。

“色调变化”指的是通过运用明亮的光线来吸引读者的眼球。通常画面中那些高亮度元素和色调高对比度元素比那些色调差异低的区域要具有更高的凸显度。

“视角”指的是某些元素被前景化，而其他的元素被背景化。前景化的元素比背景元素的凸显程度更高。如下面这个例子（图 2–1–14），在 2018 年 2 月 3 日《中国日报》的一篇题为《尽管 iPhone 销量下滑，苹果仍保持营收增长》的财经报道中，其配图描述了一名男子在上海一家苹果专卖店外的苹果商标前看着手机屏幕的场景。可以一眼看出苹果的图标被凸显出来了，这正是用到了“色调变化”这一视觉表现手法来表现的。苹果的图标是非常明亮的，而边上的人和背景墙都很暗淡，画面边缘的人物甚至只能看到阴影，根本看不清任何细节，显然拍摄者是通过光线的明暗对比来实现“凸显”功能的。当然，这样的视觉效果也可以认为是对“视角”的操纵，苹果公司的商标——被咬了一口的苹果形象被强烈的明暗对比凸显出来了。

“相对大小”指的是一个特定视觉元素在画面中所占用的空间大小。通常我们认为某个特定元素的尺寸越大，它的凸显度也就越高。

“颜色对比”主要指的是不同元素颜色之间的差别，比如在高纯度颜色和淡色或柔和系颜色元素之间的颜色对比就会形成强烈的反差，从而形成凸显的效果。

“焦点”指的是在图像中某个特定元素的“厚重度”。

“重合交叉”指的是把一个元素放置在另一个构图或画面元素之前，它起到的效果其实是和“视角”类似的。

图 2–1–14　苹果手机商标

在 2018 年 1 月 31 日《中国日报》上刊登的一张照片（图 2–1–15）中，一架飞机飞过辽宁省大连市上空，背后是硕大的“超级蓝血月”，这就是一个典型的“重合交叉”的视觉效果——飞机和月亮产生了交叠和重合。虽然飞机在月亮的前面，但是该图像真正凸显的是“超级蓝血月”。因为该图片还用到了另外一个增加“凸显”效果的视觉表现手法——“相对大小”和“焦点”。在一般图像中，画面中的月亮只会占据画面的很小部分，但是在该图片中月亮是纯圆的，而且占据了几乎整个画面的一半面积，形成了“凸显”。另外，“超级蓝血月”还处于画面的绝对中心，形成了一个“焦点”的位置，增强了这种震撼的效果。虽然这架飞机处于月亮的正中，但是它的个头严重偏小——在图片中，夜晚的飞机一般要比月亮大，或者至少差不多大。这种打破常规的图形比例，实际上是在凸显当晚的月亮。

从以上的论述我们可以发现，其实“显著性”并不是客观可测量或可衡量的，而是读者基于图像中的视觉线索主观判断出来的。不管“显著性”出现在何处，它们都能够揭示一种不同画面元素之间层层递进的具有重要性的极差阶梯。因此可以认为“显著性”其实是实现了一种构图上的重点突出。

图 2–1–15　飞机与超级蓝血月

（三）框架

“框架”是通过线条等框选工具来隔开或连接不同的图像元素。这表明，“框架”的使用可以连接、关联、组合以及分割画面或者是页面上的视觉元素。这种框选机制不光指的是分界线，而且还包括图像框架要素，如建筑物的边缘所天然形成的界限、图像元素之间的空隙、抑或是颜色的不连续性。通常来说，某个特定要素的框架越是明显，它越可能被看作一个独立的信息单元。多个图像元素之间的联系越多，越可以说明它们是作为一个整体的信息单元来表达的。这种构图的符号化原则能够被运用到单一图片、多重视觉符号以及图像和文字共生的复合视觉符号的分析和解读中去。范勒文列举了六种不同的框架工具：“隔离”“分割”“融合”“重叠”“押韵”“对比”或“反差”。

“隔离”指的是图画中的视觉元素相互分隔，并占据不同的区域，因此它们之间产生了不同的等级和次序。这类分隔工具可以是照片或图画的边缘，直线边缘线或曲线边缘线。它们都可以被用来建立分隔图像要素的界限，从而形成所谓的“隔离”。

“分割”指的是图画中的视觉元素被空间或空隙分割开来的现象。在这种情况下，其实并不存在物理上的界线，而常常只是两个视觉要素之间的空隙而已。比如在一则新闻报道中，新闻标题与新闻正文之间那一行间隙就是“分割”的运用。这其实表明被分割的元素在某些方面存在着相似性，而在另一些方面，又存在不同的特性和属性。

“融合”指的是画面中不同的视觉元素占据了共同的空间，因此产生了交叠。换句话来说，图像可以被放置在已经存在有文字的地方，文字也可以叠加在图像之上。这种情况在多模态广告和新闻图片中很常见，为了进一步说明图片的内涵，可以在图片上印一行文字。如下例（图 2–1–16）所示：在 2018 年 2 月 5 日《中国日报》的一篇题为《司法之剑必须打击网络儿童色情》报道中配发了一幅漫画。在这个图片中，法官用的锤子被拟人化成了一只猫头鹰，而在锤子的前部写了“law”这个英文单词，因此文字和图像部分发生了重叠。在本漫画中，文字部分其实是对图片中锤子的解释——说明对儿童色情犯罪分子的打击是有法可依的，或者说是法理不容的，而这把夸张的卡通锤子正是象征了法官手里的锤子，象征法律对犯罪行为和犯罪分子的无情制裁。因此，该图片是“融合”结构的一个很好的例子。

图 2-1-16 漫画《法律打击儿童色情》

“重叠”意味着图像中的视觉元素没有被框架和空间所束缚。我们有时候会发现多模态广告或者新闻报道中，图片部分会突破自己的框架或图文之间的界限，而悄然延伸到文字部分，并与之产生交叠。这样的话，图像的一半处于图片区，而另一部分则已经进入了文字区域。在这种情况下，图像和文字所代表的含义会相互渗透，从而在这两大类多模态表意成分之间建立起有机的联系。如在图片广告（图 2-1-17）的例子中，画面中出现的制作寿司的厨师可以被看作再现参与者，而那个点他脸的手指的比例超乎寻常的大，似乎并不是画面中另一个再现参与者的手指，而应该是画面外的互动参与者——浏览者的手指。这个场景类似于我们用手指在智能手机屏幕上点选的动作，但是手指的按压却造成了厨师脸部的真实变形，给人的感觉是进行了真实的接触。所以该图片的构图方式就是“重叠”，打破了画面内外的时空框架的界限，用一种夸张的手法塑造了一则创意广告画，就是说该公司的产品是真实的，是触手可及的。

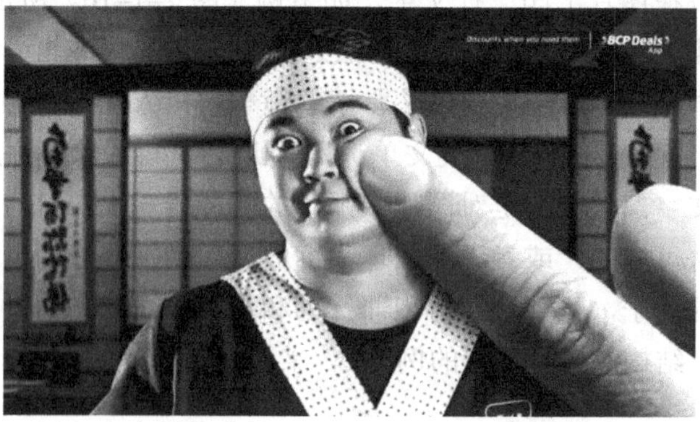

图 2-1-17 “厨师与手指”广告

“押韵”主要是指颜色、手势、尺寸等视觉成分可以被用于在不同元素之间形成关联。比如一个产品的商标可能是红色的，而这种红色可能刚好与图像中模特所穿的衣服的颜色类似，形成一种呼应的关系。在一个禁烟的公益广告图片（图 2-1-18）中，手握香烟的手在墙上投射出来阴影的形状完全像是一把手枪。真实的手握香烟的图形和投影在墙上的类似手握枪支瞄准对方开枪的阴影形成了一种“押韵”的构图形态。在语言学中，可以联想到“一语双关”的修辞手法，把抽烟这种行为比喻为向其他人射击，具有致命的伤害性，因为吸烟的一个非常有害的副作用就是迫使周围的人吸二手烟，从而对其身体健康造成严重的伤害。

图 2-1-18　禁烟公益广告

“对比”或“反差”是框架工具里面最后一个子类。它主要运用图像中的视觉线索，如颜色、姿势、尺码等来展现一种差异或对比。范勒文认为他的理论中所归纳出来的这六种框选工具是非常粗线条的，因为它们要能适用于一系列广泛的语境和文本中。它们揭示的是一种意义潜势，而不是特定的意思，所以它们在不同的上下文中的具体使用也是有很大差异的。

总的来说，“信息值”“显著性”和“框架”是克雷斯和范勒文提出的多模态符号学中构图的三个基本原则。从上述的讨论中，我们可以发现，在当代的视觉交际中，图像的不同的空间构造确实能传递出多模态语篇的潜在意义。

四、对墨西哥城大地震的报道

为了更生动地阐释上文论及的图像表意机制，本书选取了中美两国具有代表性的媒体对 2017 年 9 月 19 日墨西哥地震所进行的报道进行了分析和对比。具体来说，我们运用上文介绍的视觉语法理论框架，详细分析两篇报道中配发的新闻图片，全面揭示其所传达的意义，并进行比较。

墨西哥当地时间 2017 年 9 月 19 日 13 时（北京时间 9 月 20 日 2 时），墨西哥中部莫雷洛斯州发生 7.1 级地震，震中位于莫雷洛斯州阿克索恰潘市西南 12 千米处，震源深度 57 公里。地震导致至少 300 人遇难。巧合的是，事发当天正值 1985 年墨西哥城大地震 32 周年纪念日。地震发生前数小时，许多人还参加了全国性的地震演习。1985 年 9 月 19 日清晨 7 时 19 分，墨西哥西南岸外太平洋底发生 8.1 级强震，造成 7000 多人死亡，1.1 万人受伤。9 月 19 日被称之为“墨西哥城最悲惨的一天”。地震发生时，墨西哥城震感强烈，一些楼房晃动明显，不少居民跑到空旷处躲避。首都地铁部分线路因停电而停驶。一些街区出现停电、断网。

墨西哥首都墨西哥城，人口将近 900 万，比整个天津市的人口还多。墨西哥城市长米格尔 · 曼塞拉对媒体说，该城至少 29 座建筑在地震中倒塌。墨西哥教育部当天宣布首都所有中小学停课。墨西哥政府方面表示，该国中部约 380 万用户电力中断。地震导致波波卡特佩特火山喷发，该火山邻近墨西哥城，火山周围地区已被划入警戒状态。北京时间 2017 年 9 月 23 日晚，墨西哥南部瓦哈卡州再次发生地震，震级为里氏 6.1 级，墨西哥城震感强烈，搜救工作被迫暂停。

墨西哥是世界上地震最活跃的地区之一，处在三个地质板块之上，大部分面积处在向西移动的北美板块上。当太平洋板块向东移动时，与大陆板块汇聚，将会插入大陆板块下方，从而在墨西哥南海岸一带形成海沟。据美国地质调查局的报告，北美板块向西移动的速度因板块汇聚而减缓，从而使墨西哥南部地区产生地震。

（一）《华盛顿邮报》的报道

在《华盛顿邮报》2017 年 10 月 3 日的一篇题为《墨西哥地震死亡人数上升至 366 人》的报道中描述了一个事件。在整个墨西哥城，大约 40 座建筑物在地震中倒塌，数百座建筑物严重受损，它们要么必须被拆除，要么必须接受主结构的加固。该报道的配图是一张来自美联社的图片（图 2–1–19）：2017 年 10 月 2 日，墨西哥城的洛斯吉拉斯罗社区的一座公寓由于这场 7.1 级地震遭到严重损毁，其中一侧的墙壁坍塌，而在这面破碎的公寓墙后面露出了一张空荡荡的婴儿床。

图 2-1-19　地震过后的墨西哥城某公寓

该画面显然没有再现参与者，我们也找不到任何的“矢量”来告诉我们一种动态的行动，因为画面中所有的元素都是非生命的——破碎的墙壁、婴儿床、床上的玩具、房间内漆黑的空间、一扇类似衣柜门的物体。我们将分别从图像的“再现意义”“互动意义”和“构图意义”这三个方面来考查该图像，揭示其中视觉元素的意义。

首先，我们从“再现意义”来分析这幅图像。很明显，由于在整幅图片当中找不到任何的“矢量”，所以它属于“概念再现”的范畴。从整个图像展示给我们的内容来看，只有零星破碎的物件，而并没有公寓的整个外观或内部的全貌。所以该图片展示的只有部分，而没有整体，属于一个典型的“非结构化分析”过程。而且图像中所拥有的元素都是残缺不全的——部分坍塌的墙体，侧面墙体上的裂缝和起壳，弯曲变形的窗框，以及底部拱起的婴儿床。这些画面元素无一不和地震带来的破坏和残缺相呼应，地震带来的是不完整和残破，因此“非结构化分析”的构图模式绝佳地呼应了地震的效果——给世界带来破坏，摧毁了当初完好的整体，致使人民流离失所。

如果我们再从“象征过程”来观察这幅图像的话，可以发现其中并没有明显带有象征属性的元素，而是从很多细微的地方暗示了象征意义，所以这个过程应该是“象征暗示”。画面中房间内部的黑暗给受众的心理暗示是恐惧、未知等消极属性；而婴儿床上的空缺也可能暗示着生命的缺失或业主在地震发生时惊慌失措地逃离家园；而被地震震碎的墙体又类似于打开了一扇窗户，让人们管窥地震后的世界。结合以上的分析，我们可以发现报道者在选取该图片来作为一种意义表达手段时，所传递的信息是非常委婉和间接的，但是给受众带来的冲击力和心灵震撼却异乎寻常地强大。从一个非常规思维的观察点来充分阐述了地震的巨大破坏力。

其次，我们可以从“互动意义”入手考查该图像的人际功能。从“接触”的角度来看，该图像中并没有出现明显的“矢量”，也没有再现参与者，所以图像并没有向图片外面的浏览者——互动参与者索取信息或观点，而是“提供”信息（地震所带来的破坏和家园的残破，人员的伤亡）和情感（地震带来的恐惧、悲痛和忧虑）。在“社会距离”层面，我们可以很容易发现这是一个近景的抓拍，细节非常清晰，能给受众一种身临其境的感觉，非常有代入感和参与感。如果再进一步观察图像的拍摄视角，可以发现这是一个典型的“正视”和“平视”的切入角度。从中可以一窥报道者所持的态度和立场，即给人感觉报道是客观和中立的，因为“正视”和“平视”是一种最自然和普通的观察视角，受众会感到画面并没有受到任何人为的调整和操控。

再次，我们来讨论这幅图片的“构图意义”。先从“信息值”的角度来看，该图片的空间结构其实是一个融合了左右对称的“中心—边缘布局”，即“三联画”结构，“左—中心—右”的不同要素连成一线。在该图片中，中心要素是整个图像的核心，左右两边的视觉元素仅仅是个衬托。整个图片的视觉焦点，或者说意图突出的部分就是那个空空荡荡的婴儿床。它位于整个图片的重心，其他视觉元素是为这个核心服务和凸显它的。该图片的左边和右边都是在地震中残留下来的公寓的墙壁，中间的硕大空洞就是在地震发生后，墙壁被震塌后留下的空白。而正是因为有了这个空洞，我们才能看到里面空空如也的婴儿床，让人浮想联翩——婴儿在地震时被母亲抱走了；或者受到惊吓，爬出了婴儿床，然后摔倒了；或者被经过的救援人员营救了。这幅画面具有巨大的视觉冲击力，画面的焦点部分让浏览者看了之后感到揪心、紧张和难过，绝佳地表达了文字报道难以传达的情绪和心理状态。

最后，再从“显著性”的角度来观察这幅图片，可以发现“色调变化”的视觉变化措施起到了主要作用。画面中公寓外的明亮和清晰与房间内部的昏暗和模糊形成了强烈的反差。在一般的构图中，明亮部分往往是凸显的元素，是图片表意部分的核心内容。但是在这幅画中，室内黑暗的部分反而成了焦点，因为明亮的部分我们能够看到，知道民宅由于地震而受损，黑暗的部分是我们不知道的。而正是这部分的悬念具有最强大的视觉冲击力，让浏览者揪心，因为我们不知道这个婴儿和其家庭的处境。所以这幅新闻图片其实是通过光线的明暗对比来突出暗的那部分未知信息。

如果我们进一步从“框架”的角度来观察，会发现该图像首先运用了“融合”的视觉手法，即其中的视觉元素占据了共同的空间，因此产生了交叠。在这里室内和室外的空间本来应该是被墙壁隔开的，但是地震造成了墙体的部分倒塌，因此室内外的空间融为一体，从而使互动参与者能够从室外看到室内的情况。另外，“对比”或“反差”的框架工具也被使用。室外的明亮光线和室内的昏暗形成了强烈反差，虽然室内外已经连成了一个整体，但是依然有强烈的明暗对比这条无形的线把它们分割开来了。这种从表面上把室内外打通，但又无法观察到室内，形成了实质上的分隔。其目的还是突出地震灾难给人们带来的损失和痛苦难以估量，而且这种磨难不仅限于物质和身体上，还有心灵和精神上的巨大折磨。

（二）《中国日报》的报道

在2017年9月25日《中国日报》上一则题为《墨西哥地震死亡人数达到320人，墨西哥人纷纷前往教堂为逝者祈祷》的报道中配有一张新闻图片（图2–1–20）。主要是描述了9月23日在墨西哥城，一名女孩正在拥抱一名墨西哥海军陆战队军官，而这个女孩当时正在拥抱一处因地震倒塌建筑物附近的人们。我们也可以从“再现意义”“互动意义”和“构图意义”这三个方面来分析该新闻图片，并试图与《华盛顿邮报》上面的新闻配图相比较，来揭示它们之间的异同点。

首先，从“再现意义”来看，该图片展现的内容属于“叙事再现”，因为在该画面中可以明确找到两个再现参与者——小女孩和那个墨西哥的海军陆战队军官。他们两人互相拥抱，手臂环绕对方，身体亲密接触，这些都是图片中具有指向性的“矢量”。但是小女孩背对观众，而那个海军陆战队军官虽然正对画面外部，但是双眼紧闭，似乎非常享受和小女孩相拥的那种温馨和安慰的感觉。他如此专注地感受，甚至闭上了双眼，不让视觉干扰他的触觉，全神贯注地去感受这样的拥抱。所以在这张图片中，再现参与者和图片外的观众——互动参与者之间并没有“矢量”相连，形成相互交流。

再进一步分析可以发现该图片其实属于“叙事再现”所衍生出的四种过程中的“行为过程”。而在该图像中既有“动作者”，又有“目标”，那很明显这一过程属于“交互过程”类。小女孩的动作是“拥抱”，她的“目标”是海军陆战队军官；而反过来也一样，海军陆战队军官的动作同样是“拥抱”，但他的“目标”是小女孩。因此，他们两个人之间是有互动的，是一个典型的“交互过程”。所以该图片想要传达给我们的概念意义主要是：人与人之间的互动、交流和相互安慰。这在剧烈的地震后，人们经历了震惊、痛苦，失去了家园和亲人，身体和心灵受到了巨大创伤，急需得到慰藉和安抚，需要互相搀扶与相互支持。该图片精准地描述了上述的需求，与报道的文字部分互相衬托和强化。

图 2-1-20　拥抱墨西哥海军陆战队军官的小女孩

其次，我们再从“互动意义”的层面来分析该图片。而“互动意义”又可以进一步细分为：“接触”“社会距离”和“态度”这三个子系统。从“接触”子系统来看，该图片中的两个再现参与者都没有视线或手势等指向画面外部，图像中并没有“矢量”指向画面外的互动参与者。该图像满足的是“提供”的“图像行为”，即它只向浏览者提供了相关的信息，而没有和浏览者进行直接的互动。从“社会距离”来看，该新闻图片展示的是“近距离”，因为图像的大部分都被人物肩部和头部所占据，以此表示亲密和认同。这可以给浏览者以很强的代入感——有一种身临其境的感觉，似乎我们正在现场看着这两人拥抱。充分表明了作者的立场和倾向——对地震灾民表示同情、安慰和支持。如果再从“态度”维度来观察这幅图像的构图，可以发现镜头的拍摄采取的是“前视”和“平视”的视角。在视觉交流中“态度”主要指的是一种观察维度，所以“前视”主要表示融入和参与，可以让受众感同身受地去体验灾民们相互扶持和安慰的场面。而“平视”表示平等，拍摄者采取这样的视角表明是从一个人去观察另一个人的视角来构图的，体现人类之间的共同性，表达了对灾民的同情和支持。

再次，我们还可以从“构图意义”来观察这幅图片，主要可以分为“信息值”“显著性”和“框架”三个子系统来进一步分析。“信息值”主要告诉我们图像的布局和结构，不难看出该图形的结构是一个典型的“中心—边缘布局”。图像主要描述的是相互拥抱的小女孩和海军陆战队员，他们俩占据了画面的一大半，而且其他的背景信息都是虚化的，基本上看不太清，只有和他们处在同一平面的两辆汽车可以比较清楚地观察到。所以这幅新闻图像着力突出的就是地震中的人和他们面对地震所作出的行为反应。

最后，我们可以再从“显著性”的角度来对构图意义进行分析，这个角度主要是指图像中某种元素被突出安排，目的是为了吸引观看者的注意力。在该图片中，对重点内容的凸显显然是通过“视角”这个子策略来实现的。因为该图片把图像中央的两个相互拥抱的人前景化，而把他们所置身的环境背景化（虚化）了，因而起到了很好的突出作用。给读者的感觉是拍摄者或者新闻报道者想要突出以人为本的宗旨，即在地震灾情中，人的生命是最重要的，对生命的救援和尊重是至关重要的，其他的财产、房产相比之下都是可以舍弃和忽略的，凸显了人性化的关怀和人本主义的精神。

另外，该图片的构图安排还存在着比较隐蔽的“框架”工具——“隔离”。图画中的视觉元素被一条警方设置的警戒线分隔开来了，并占据不同的区域，它们之间还产生了不同的等级。因为图片中依稀可见的黄色警戒线后面是虚化的背景，结合模糊的视觉要素（门和墙壁等），我们可以合理地推断出警戒线后面是被地震破坏的房屋，而陆战队军官是来进行赈灾救援的。警戒线前方是前景化的两个相拥的人和两辆汽车，而后方是虚化的受损的房屋，这条警戒线把图像的焦点和背景分隔了开来，发生了很自然的过渡，形成了两块不同的图像区域，这对于作者突出重点和表达立场是非常有效的。

（三）评价意义的比较

可以发现，虽然两家媒体报道的是同一个事件，但它们的立场、视角和报道侧重点都存在不少差异，这就不可避免地造成了在评价意义的表达方面的显著差异。《中国日报》配图中展现的评价意义以积极为主，地震过后的惨烈情景被背景化（虚化）了，读者无法看到具体的破坏情况，因此这是对消极评价意义的一种最大程度上的弱化。而图片中凸显的是海军陆战队军官和小女孩拥抱的温情画面，一方是救灾者，另一方是平民百姓——地震的受灾者，表明双方紧密合作，共同渡过难关，官方给予了广大群众安慰、安全感，而群众则对政府表达了信任。以上这些全都是积极的情感，整体上来说呼应了人们对灾后重建的强烈渴望以及恢复正常生活的信心。这表明《中国日报》的评价侧重点是对墨西哥地震灾区重建、恢复正常生活充满信心，对灾民也是一种激励和鼓舞，充满了正面和积极的情绪。

相较而言，《华盛顿邮报》则主要突出了负面和消极的评价意义，其营造的氛围非常凝重。报道中配发的图片把评价的重心放到了地震的严重后果上，其画面焦点就是残垣破壁和空空如也的婴儿床。儿童是一个国家和民族的希望所在，这种暗示婴儿已经遇难的画面构图表达了极为负面的评价意义，令人揪心、气馁和丧失希望。图像展示给读者是一幅凄凉冰冷的画面，充满了负面消极的情绪，令人感到悲观沮丧和不知所措。整体的评价意义是：墨西哥地震造成的毁坏是非常巨大的，人们的财物和生命健康都遭受了巨大的损失，营造了一种悲痛和近乎绝望的氛围。

可以从这两个媒体对同一灾难事件的报道配图中发现截然不同的评价倾向。这表明虽然图片本身是客观中立的，但是选择哪一张图片，图片的构图、拍摄角度、聚焦方式等都可以左右该图像所传达的评价意义。而这些参数的调整，决定权完全在于报道者。因此，具有不同价值观和立场的媒体，可以通过对新闻图片的选取和调整来传达不同的评价意义，而且这一操控过程是非常隐蔽的，受众往往根本就没有意识到其存在，认为图片客观公正，由此对图片传达的评价意义深信不疑。所以多模态新闻语篇中图片评价意义的挖掘具有非常深远的理论价值和现实意义。

第二节　图像的“情态”意义

在所有交际中有一个至关重要的问题，那就是说话者所传达的信息的真实性或者是可靠性。而“情态”恰恰是社会符号学中探讨话语真实性的路径。克雷斯和范勒文认为社会符号学关于真实性的理论无法判断一个特定的表达是绝对的真实或非真实；它只能揭示一个特定的“命题”——包括视觉的、口头的或其他任何符号表征模式是被表征为真实或非真实。从社会符号学的视角来看，真实性是一个“记号指代过程”。

“情态”这个术语来自语言学，主要是指代叙述或话语的真实性和可靠性程度。哈利迪指出“情态”就是介于“是”与“非”之间的中间区域，抑或是可以理解为：在正极和负极之间的中间地带。比如以下的三个句子就带有不同程度的“情态”：

①高情态→她今天肯定在家里。

②中情态→她今天应该在家里。

③低情态→她今天有可能在家里。

很明显，第一个句子具有较高的“情态”，即对事态的判断具有高度的确定性；而第二句表示中等程度的确定性；第三句则表示非常弱的确定性。在语言学中专门有一个语法系统叫作“情态助词”来表达情态的程度，属于这类的情态助词有：must（肯定）、will（会）、may（有可能）等。

这三个等级的“情态”不光可以用情态助词和形容词来表达，还可以用它们变形后生成的相应副词和名词来产生类似的效果，如“certainty-certainly”（确定性—确定地）；“probability-probably”（可能性—可能地）；“possibility-possibly（可能性—可能地）；“determination-determined”（坚定性—坚决地）；“willingness-willingly”（意愿、意志—情愿地）等词汇。

另一方面，哈利迪认为决定一种“情态”如何实现，最基本的维度就是“取向”或“定位”，即“情态”可以分为两个基本类别：“主观性情态”和“客观性情态”，或者可以被称为是“显性情态”和“隐性情态”。对于“主观性情态”而言，句子中往往有一个人作为主语，然后会出现一个认知动词。正是这些动词表达了不同程度的“情态”意义。如下面的这几个例句：

①高情态→我确信她今天肯定在家里。

②中情态→我有信心认为她今天在家里。

③低情态→我感觉她今天在家里。

而对于“客观性情态”而言，句子通常会以“It is”或“There is”开头，正是这一个要素清晰地传达出一种非人为干涉的客观性，如下面的这几个例句：

①高情态→事实就是——她今天肯定在家里。

②中情态→有很大的可能性她今天在家里。

③低情态→有可能她今天在家里。

以上内容就是语言学中对于“情态”的基本理解。克雷斯和霍奇首次指出“情态”的表达也可以是用非文字语言的媒介来实现，随后克雷斯和范勒文把“情态”的概念扩展到了图像分析中去，他们认为图像也能够表达对这个世界不同程度的真实性判断，但它们的表达途径是不同的。

一、图像中的情态标记

在视觉交际中，“情态”这一概念也是至关重要的。因为视觉元素能够表征人、物和地点，但是作者或者说是构图者并不总是绝对真实地记录或再现视觉元素。在很多情形下，出于他们所处特定社会团体的“利益”，会选择他们认为最合适、合理的图像再现方式来传达其所希望表达的意义和理念。也就是说，构图者会通过对现实的图像再现把自己的主观立场和观点潜移默化地进行输出和传播。所以对于图像来说，“真实性”问题很难把握，它们会受到作者所属的那个特定社会集团的价值观和信仰的影响和左右。因此，人们需要能阅读和分析出隐含在视觉符号里面“真实的”内涵，这往往可以通过分析和提取出那些表征特定社会集团的核心价值观、信仰和社会需求的“情态标记”来实现。比如说，图像拥有丰富的视角、细节程度高、色彩还原度高等特征，那么就可以被视作是“自然”和“真实”的事实表征。相反，如果细节缺失、画面模糊、色彩还原度低，那么“情态”值就随之变低。克雷斯和范勒文在他们构建的视觉语法理论框架里，为我们提供了一个操作性很强的理论框架，可以用来对一个特定的视觉再现或图像的真实度进行有效评估。他们从自然主义的标准来衡量“真实性”，概括出了八种“情态标记”。

（一）色彩饱和度

这是一个色彩饱和度范围，可以从“色彩饱和”的一个极端一直跨越到“色彩缺失”的另一个极端，如从黑色到白色的过渡过程中，灰度逐渐下降。色彩饱和度主要用来衡量所出现的色彩有多么的饱满。色彩饱和度高的效果之一就是强化了感官上的刺激，广告商会用这种感官上的意义潜势来增强产品对受众在情感上的吸引力。而色彩的缺失则意味着这种情感表现力的不足。自然主义的情态介于这两个极端之间，以自然主义的标准来看，刻度尺上的每个点都有一个相对应的情态值。通常来说自然主义的情态值会随着色彩饱和度的增加而增长。但是这并不意味着色彩饱和度越高，视觉情态值越高。随着色彩饱和度的增加，到了一个特定的点，色彩饱和度视觉情态值达到最高，接下来虽然色彩饱和度依旧在上升，但视觉情态值已经开始下降了。

（二）色彩分化

与“色彩饱和度”类似，该范畴也表征了一个抽象的刻度范围——从我们在自然主义的情态表达中能够找到的色彩种类分布最为丰富的图像到“单色画”。“色彩分化”主要是关于在一幅图像中存在有多少种颜色。诸如黑白风格的“单色画”往往会让人们联想起古老的图片、新闻照片以及素雅的艺术风格，而它们所透露出来的深层次含义为“永恒不变”与“严肃”。

也有的时候，黑白色是表示“严肃”的情态，如在发生重大灾难的时候，网页和电视画面都会在一段特定的时段显示为黑白的颜色。因为“彩色”表示欢庆、活泼、喜悦等情态，这在发生重大灾难的时候，显然是非常不合适的，所以媒体一般在这种庄重的时刻偏向于使用黑白色来传达庄严肃穆的情态。

（三）色彩调制

“色彩调制”指的是在日常交际情景中，由于光线的明暗变化、阴影的存在，导致颜色发生的一系列变异。这也是一个刻度范围，从充分调制的颜色到平实、无调制的颜色。举例来说，在不同的情景下，我们所穿衣服上的颜色色调会发生细微的变化，即衣服的轮廓和褶皱在使用过程中会发生变化，而这会导致光线的明暗变化，以及不同程度和形状的阴影产生，因此衣服上的颜色也会相应地产生生色调的变化。但在一些卡通作品和宣传画中，人们看不到这种色调的变化。它们永远都是同一种理想化的和高度范式化的颜色，但这通常是未经过调制的和扁平的颜色。

（四）背景

这个情态范畴也是一个变化范围连续体，从背景的缺失这个极端情况到背景的最为凸显和细节最为清晰的另一个极端，这中间所有的状态都被包含了进去。克雷斯和范勒文把这一现象称为“语境化”，但是范勒文使用“背景”这个术语来代替“语境化”。通常来说，背景的缺失降低了情态，因此所描绘的图像是象征性的，而不是记录性质的。从背景缺失到背景细节最大化，存在着一个渐变的，相互之间有细微差异的刻度范围，而不同清晰程度的背景能够指明不同的意义潜势。

在《中国日报》2018 年 2 月 10 日的一篇题为《庆祝时间到了》的报道中，所配发的新闻图片（图 2–2–1）描述了即将到来的春节的庆祝方式。该报道认为春节是关于和谐和亲情的。只要家人聚在一起，是否燃放鞭炮不会对节日的庆祝和喜庆氛围产生影响。配图中的小女孩在向人们展示她做的剪纸手工作品，其含义显而易见——人们可以通过其他方式来庆祝春节，不一定要通过燃放烟花爆竹来庆祝。所以，小女孩的剪影作品是前景化的，是整幅图片的焦点，而小女孩身后的背景几乎是完全虚化的。我们只能依稀地知道她身处一个房间内部，里面有几个人，但是究竟是在家里，还是在学习剪纸的课堂上我们就很难确定。所以，该图片的背景情态值是非常低的，因为背景信息和报道的主旨相关度很低。从中可以看出新闻图片的展现方式在很大程度上和文字报道部分是呼应的。

图 2-2-1　新闻图片“春节”

（五）细节

这又是一个情态值刻度标尺或衡量范围，从画面细节的最大化表达到画面的最高度抽象。克雷斯和范勒文把这个叫作“表征”，但是范勒文和梅钦把这一术语改换为“细节表达”。正如梅钦解释的那样：在语言中我们在表达确定性情态时可以从“this is”这样的最确定陈述逐渐过渡到“this might be”这样的不确定表达，再到“this may not be”这样的最缺乏确定性情态的表达。我们在图像中也能找到这种微妙的，但是非常有意义的“细节表达”程度上的渐变连续体。那些具有最丰富细节的图片代表了高情态值，而那些抽象图像则体现了低情态值。很高程度的“细节表达”实际上忠实记录了一个特定时刻的状态，而较低程度的“细节表达”让一个特定的情景看起来如梦似幻，因此它们是广告设计者在广告中植入概括或抽象观念的一个非常理想的手段或实现途径。

比如在下面这个广告图片（图 2-2-2）中，构图者主要想要宣传的卖点是该产品的特质——“更高、更快、更强”，这其实借用了“人类不断进取”这一奥运理念或座右铭。该图片是一个典型的多模态范式，因为那个正在奋力奔跑带有重影的人像正是这种奥运精神的最好诠释。但该人像是一个高度抽象的人影，他并不是一个特定的人，只是一个人的剪影而已，从图像细节这个维度来说是情态值非常低的。但这又是非常切题的图形再现方式，因为该广告的目标就是展现一个抽象的理念，太多细节只会分散受众的注意力，让报道者所欲传达的理念受到干扰。

图 2-2-2　广告图片“更高、更快、更强”

再如下面的这幅广告图片（图 2-2-3）巧妙地把百事可乐和足球的形状抽象地结合在了一起，完美地达到了宣传代言的效果，将百事可乐与“运动”和“年轻”联系在一起，使得百事可乐在 2016 年举办的里约世界杯足球赛中得到了有力宣传。我们可以试想，如果该广告用了高度仿真的足球来进行图片再现的话，人们就很难把足球和百事可乐联系在一起了。所以，在图像抽象度方面的低情态性是非常适合表达抽象含义的。

图 2-2-3　广告图片“百事可乐与足球”

（六）景深

“景深”所表达的概念是从画面中具有最深邃的视角到完全的平面，没有任何深度。举例来说，画面中有一棵树，一种画法是这棵树是三维的，树叶具有非常复杂的层次感，体现出了画面的深度；而在另一幅画中，对这棵树的描绘只有两层，只用一个圆圈来代表树干上所有的树叶，有可能仅仅是一个最简洁的素描画，基本上没有画面深度。显然，前者拥有最全面的景深表达，因此也就具有高情态，而后者经常可以在儿童绘本中看到，它具有较低的情态值，因为缺乏画面深度和立体感。介于这两个极端情况之间的是“等距（等体积）视角”，用三维物体来举例，当它们被扁平地绘制在页面上时，仍然可以维持原本我们在真实世界中所看到的比例。这个视角使得我们能够感知到景深，但这并不是三维物体真的被还原在了画面上，而是我们观察三维物体的经验使然。当然，也有介于其间的其他可能的再现方式，如简单的“重合”绘制，而不带有任何的视角上的“透视收缩”。在克雷斯和范勒文看来，根据标准的自然主义观点和立场，“中置视角”具有最高的情态值，紧随其后的是通过“边角等距视角”创造出的景深，“前向等距视角”位列第三，接着才是“重合”绘制。

（七）明亮度

“明亮度”是光线与阴影的再现和表达，这一个刻度范围跨越的是从光线和阴影的最全面展示到光线和阴影的完全缺失。在画面中展现出自然实际的光线，并伴有相应阴影的再现，体现了高情态值。如下图所示的风景照片（图2–2–4），具有丰富全面的光影效果，但在同时也给人带来了一种压抑、忧郁的感觉。而如果阴影和光线其中的一个缺位，或者两者都缺位，则表现出一种低情态值。有些图片虽然出现了光线的写照，没有展示阴影的图像，被认为具有较低的情态值，但它们被认为具有积极乐观的效果。这些图片很多时候被用于再现股票、期货等有价证券的价格变动趋势，促销广告或杂志中。

图 2–2–4　具有完整光影效果的风景图

（八）色调

“色调”这个刻度范围从最低值——仅仅只有两种色调分类，如黑与白或是一深一浅的某一特定颜色的搭配，直到最高值——最为丰富全面的色调搭配。前者被认为具有低情态值，而后者被认为具有高情态值。

以上讨论的就是克雷斯和范勒文提出的八种用来判断视觉情态的表达或展示途径。从上文的分析可以看出，这些视觉表达方式其实就是一系列的渐变连续体，即它们都是可分级的。因此，视觉情态在本质上是通过一系列复杂的视觉线索相互作用来实现的。

二、图像中的情态表达模式

在上文中，我们已经讨论过克雷斯和范勒文的八种视觉情态标记。但范勒文指出：情态判断和视觉表达标记的刻度标尺并不具有固定的对应关系。换言之，情态值不一定会随着视觉情态表达方式的削减而降低，即它们之间不一定存在正相关的关联。有时候抽象图画的情态值会很高，比如科技绘图就是很好的例子，在诸如此类的图像中抽象是非常重要的特质。因为只有如此，我们才能展现出事物的本质和根本运作机制。所以在视觉符号系统中存在不同性质的情态表达模式或不同性质的“编码倾向”。根据克雷斯和范勒文的解释，“编码倾向”是一整套的用来告知特定的社会团体或在特定的机构语境中语篇被编码的方式。他们一共区分了四种不同的视觉情态编码倾向：“技术”“感知”“抽象”和“自然主义”的编码倾向。而每一种编码倾向都是由一个特定的社会团体建立起来的。

（一）“技术”编码倾向

在技术情态模式中，视觉真实性是建立在图像的实用性基础上的。一幅图像越能够被用作蓝图或辅助一项行为的发生，它的情态值越高。换言之，真实性在于事物在类属性上像什么东西，而个体的差别并不是特别重要，举例来说，地图、缝制衣服的图例、建筑示意图等都属于这一类。

（二）“感知”编码倾向

就“感知”编码倾向而言，真实性的标准是基于那些视觉图像所创造或激发出来的愉悦或令人不快的情绪性效果基础上的。这是一种情感的真实性解读。在这一类图片中，颜色是愉悦或其他情感意义产生的来源。因此我们可以在艺术作品、广告、时尚设计以及食品图像中观察到跳动的、令人兴奋的红色或令人平复、宁神的蓝色。

（三）“抽象”编码倾向

“抽象”的编码倾向经常可以在科学图像或现代艺术图画中找到。一幅图像越是展现深层次的内涵和精髓或是一个高度概括的范式，那么它的情态值也就越高，即越是从抽象的角度来再现人或事物，情态值越高。比如线条简洁的肖像画，通过寥寥几笔就能大致描述一个人的主要面部或身体特征，这就属于高情态值的一种事实再现方式——“抽象”的编码倾向。如下面这幅描述化学反应过程的图像（图 2-2-5）构图就非常简洁——其核心就是一个三维立体的分子式。虽说相当抽象，但已经能够充分表达出图像的意图。反之，如果图像过于逼真和还原过多的细节，反而会掩盖或模糊分子结构这一本身就高度抽象的概念。

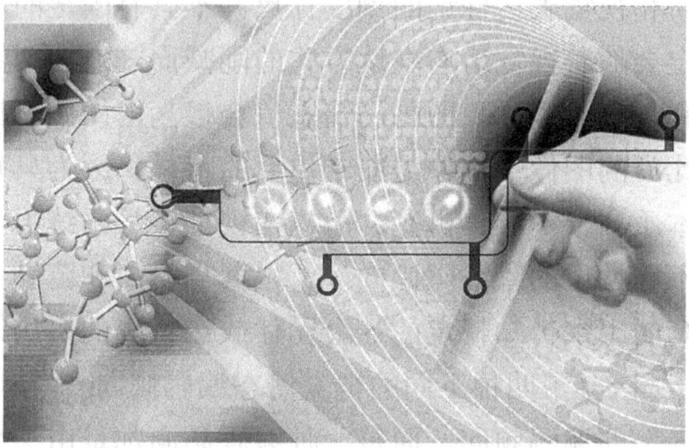

图 2-2-5　化学反应过程

（四）“自然主义”编码倾向

在很多情况下，“自然主义”的编码倾向是一种主流的意义再现方式。所谓的“自然主义”的情态是一种所见即所得的事实展现模式。也就是说，某事物的图像越是和该事物相似，它的情态值也就越高。如新闻图片被认为应该能真实地记载所发生的事件或记录一些珍贵的、值得纪念的事情，因此它们应该不偏不倚和现实保持高度一致，以此作为事实真相的一种证据。

总的来说，“情态”这一概念其实指代的就是一种符号学资源，用来表征特定的交际内容被接受的真实性程度。它是一种方法论工具，不仅可以从语言文字交流的角度，也应该从视觉符号、图像交流的角度来探索其所表达的意义。从以上的分析可以发现，任何的视觉表达都是渐进的或者说是可分级的。就像语言那样，图像可以表达情态意义，但它们是通过不同的途径来表达的。相比较用语言来实现的情态表达，视觉情态更加复杂，而且分级也更为精细。克雷斯和范勒文已经找到了一种分析视觉情态的模式，但这种揭示视觉情态意义的方法究竟是否完美或有效取决于我们在实践中的分析。我们可以用这种情态分析工具去揭示图像隐含的社会意义，以便来回答社会生活中的“真实性”问题。因此，情态分析的应用范围非常广泛，可以被用于诸如新闻图片或广告图像的分析中，研究者还可以对科学图像、新闻漫画、三维动画等各种视觉符号进行情态分析。但正如范勒文所指出的那样，情态分析终究来说也是一种主观解释，在很多情况下，到底如何选择情态类别和程度并不是清晰和无争议的，所以视觉符号的情态分析模式还是需要进一步思考和改进完善的。

第三节 图像中颜色的意义

在日常生活中，颜色通常会被用来表达不同的含义。可以发现，同样的颜色在不同的文化中会被赋予不同的象征意义。比如说红色在中国意味着喜庆，在西方文化中红色意味着危险；而白色在西方文化中意味着纯洁，但这种颜色在中国通常暗示了悲伤和痛苦。随着时间的推移，在现代社会和当代文化中，颜色已经成为一种重要的视觉交际元素。颜色就其本身而言已经成为一种独立的交际模式，像其他模态那样拥有意义潜势，类似于文字、图像和声音。而且，颜色也拥有自己内在的“语法”，在语篇中成为一种独立的模态。

一、颜色的交际功能

颜色也是一种相对独立的交际体系以及符号模式，本节将讨论颜色具有的品质和颜色能实现的社会功能。首先，我们简单回顾和梳理一下系统功能学中提出的语言的三个元功能。根据哈利迪的论述，语言是一种社会符号学模态，它可以同时实现三个元功能：“概念功能”“人际功能”“语篇功能”。“概念功能”指的是语言对现实世界的一种再现和重构的功能。“人际功能”指的是带有特定社会目的和社会关系的社会交际功能。“语篇功能”指的是能够把零散的交际活动导入和组织到一个规模更大的、整体的交际事件或场景中，直到个人能够完成特定的社会实践活动。哈利迪认为我们拥有不同的语法体系来描述和表达这三种元功能，比如说“及物性”可以用来表述概念功能；而“情态”可以用来描述人际功能；“指代关系”可以用来表征语篇功能。

学术界普遍认同的观点是颜色主要和“情感”相关。系统功能语言学认为“情感”属于人际意义的范畴，这样看来颜色主要具有“人际功能”。但有时候颜色又可以充当一种达成上下文协调一致的语篇工具。因此，克雷斯和范勒文认为颜色不仅仅局限于“情感”的表达，在现代的视觉设计和视觉交际活动中，颜色能够实现所有的三种元功能，就像其他模态一样。

（一）颜色的概念功能

对于概念功能来说，克雷斯和范勒文认为颜色可以于区分不同种类的人、事物、地点以及其他更为抽象的概念。比如说，我们可以用棋子的颜色来指代不同的国家或省份；公司或机构也会使用特定的颜色或颜色组合方案来标识他们独特的身份。例如，宝马汽车的标志就是蓝天白云，但它要确保自己车标中的这种深蓝色与福特汽车车标中的蓝色保持显著的差异，从而可以保护这种颜色给它带来的品牌价值和认同感。在地图上，不同的颜色可以用来区分不同性质的地块，如沙漠、海洋、耕地、河流、湖泊等。在公交或地铁线路图中，人们普遍使用不同的颜色来标识不同的线路，这样会显得非常清晰直观。由此可见，颜色在日常的视觉交际中被广泛地用来表达特定的想法或概念，因此明显具有概念功能。

（二）颜色的人际功能

颜色的人际功能意味着颜色不光能表达特定的含义，而且还能“做事”。我们如果仔细观察就会发现，不同颜色之间的搭配、切换和变化可以传达特定的信息，比如交通信号灯中的红色表示禁止通行；绿色表示畅行无阻；而黄色则表示警示和提醒。在医院中，病房里面的墙壁可能是淡蓝色和白色相间的，可以起到平复病人心情的作用。而肯德基连锁餐厅里的配色则凸显了欢乐和明快——黄、红、白等颜色的组合，可以吸引大众特别是儿童前去就餐，因为这种颜色的组合特别显眼。克雷斯和范勒文认为正如语言可以实现言语行为一样，颜色也能够实施“颜色行为”。这些“颜色行为”可以用来阻止、激发人们的行为，抑或让人们的心情平复下来。

（三）颜色的语篇功能

颜色也可以在语篇层面发挥作用，即颜色也具有语篇功能，主要是通过揭示事物属于同一类这种途径来达成的。克雷斯和范勒文认为语篇中的前后一致和协调也可以通过“颜色的和谐”来达成。不像我们通常认为的那样，这并不是通过颜色的重复来实现的。“颜色的和谐”主要指在同一个页面，或者文本，或者画面的同一个区域使用亮度和饱和度相同或相近的颜色。比如在一本课本或某一个文件中，所有的标题都用红色或蓝色呈现。在广告构图中，我们可以发现特定产品的颜色、公司商标的颜色、标题和特定内容字体的颜色都会出现一致和呼应的情况。在不同的画面元素中使用部分相同的颜色可以在他们之间形成一种联系，进而在整个构图中形成一种沟通和流动的感觉。所有的这一切都有助于建立起文本或图像前后一致的协调。除了能够让特定的图像或文本保持协调一致，颜色还能够被用于归类和区分一个图像中的不同部分——特定的文字或副标题用一种颜色来实现，而其他层级的标题则使用另一种颜色。

从以上的分析我们可以发现，其实颜色能够实现系统功能语言学中提出的所有三种元功能。这可以有力证明颜色本身就是一种符号学的模态，具有和文字语言、图像、音乐同等的符号学地位。但克雷斯和范勒文认为颜色和其他符号学模态还是存在明显区别的。最重要的区别就是颜色作为一种符号学资源，它从来不会自己单独出现或发挥作用，而必须要依附在其他符号资源上才能发挥作用，表达特定的意义。这是它和其他符号学模态，如图像、音乐或语言文字具有显著不同的地方。克雷斯和范勒文进一步解释道，图像、音乐、文字等是相对独立的符号学模态，而对于颜色来说，虽然能够同时实现三种元功能，但并不能够独立地实现这些功能。因此他们总结说："有可能颜色对于多模态纪元来说是一种关键属性。它可以和其他很多模态、建筑、排版、产品设计、文档设计等等相结合，但是它无法独立存在。它只能在多模态环境中存在。"

二、颜色的表意特性

克雷斯和范勒文认为颜色可以提供给创作者表达意义的可能性——这是一种意义潜势，构图者可以根据自己的交际需求和对交际事件的看法来进行自主的选择。在全面探索颜色意义的过程中，他们吸收和采用了康丁斯基的理论：颜色主要有两种价值。第一种是直接价值——颜色对于观看者的直接物理效果；另一种是伴随价值——在不同文化中颜色所传达的不同含义。克雷斯和范勒文对颜色的这两种价值进行了细致全面的观察，归纳出颜色的两种潜在表意功能。第一种表意功能是"附属"——颜色可能会带有的特定的文化内涵，比如说我们很可能把红色和火焰联系起来，而把蓝色和海洋或者是水联系起来；第二种表意功能是颜色的"区分性特征"，在这方面他们主要采用的是雅各布森和哈雷的理论框架，把颜色看作一种极差范围，即颜色是一系列具有细微差别的连续体。颜色的这种变化范围可以从浅色到深色，从饱和色到非饱和色，从纯粹色到混合色等等。他们把这些极差变化看作一种复合的意义潜势，以下是他们给出的颜色的区分性特征，或颜色的表意特性。

（一）亮度—值

所谓的“值”，其实主要指的是颜色的“亮度”。“值”的范围阶梯从极端明亮或亮白到极端暗沉或黑色。关于颜色亮度的这种意义潜势大部分来自于我们关于明亮与黯淡的生活经历和体验，比如在广告或者在娱乐媒体的文本图片中，我们经常能看到使用不同亮度来表达不同情感的做法。亮白可以用来表达欢快，而黑暗则可以表达抑郁或悲伤。亮丽可以表示真实、快乐、积极的情绪；相反，黯淡可以暗示虚假、阴郁和悲观。在语言文字及图像的表意系统中，颜色的亮度还具有特定的象征内涵。黯淡一般是与邪恶相关，而明亮则是与正直、善良或真实相关。

（二）饱和度

这个变量其实指的是特定颜色从最稠密的饱和状态到最为稀释的非饱和状态的一个变化连续体。它的这种意义潜势的表现能力主要在于饱和度的变化能表达一种情感“温度”。绝大部分的饱和色都可以表达诸如“大胆”“勇气”“吸引力”“冒险精神”等强烈情感元素。而饱和度低一些的颜色则更加细致、温和以及平和，与此同时，也可能会让受众感到冷漠、压抑以及情绪低落。正因为饱和色能够携带丰富密集的情感，所以广告商和设计师们都喜欢用它们来吸引读者的注意力。正因为饱和色能带给受众强烈的情感冲击，现实生活中才有如此多的广告设计选用饱和色来渲染它们的图像。色彩饱和度的增加往往还能带来一种超越真实的假象，这就是为什么儿童玩具通常会具有饱和的颜色，如大红、亮绿色和亮黄色，这样做的目的其实就是来制造一种强烈的感官体验。

（三）纯度

这个特性范围其实是从颜色具有最高的纯粹度到颜色具有最高的混杂度的一个阶梯式分布范围。一种纯粹的颜色可能是纯红色或纯蓝色，就像我们在调色板上看到的那样。克雷斯和范勒文认为带有确定性的纯粹颜色是现代性的关键指标，但一种被稀释过的带有不确定性的颜色则是后现代性的关键判断标准。在现代西方文化中，代表后现代主义的不确定性特质比代表现代性的确定性特质更受到推崇。

（四）调制度

“调制度”的变化范围可以是从完全调制好的颜色到完全平实、未经过调和的颜色，从而产生一个颜色变化的连续体。完全调制的颜色属于自然出现的颜色，它们主要指我们在自然界看到的颜色。“扁平色”指的是简单、平常、粗糙、基本的颜色，它们代表事物的最根本属性。因此，不同调制程度的颜色所能承载的信息、承担的功能也是不同的。高“调制度”的颜色被认为是精细及符合真实事物本应具有的质感，图像因此具有高度的还原性。低“调制度”的颜色是类属型的颜色，它们一般不会显示光影变化和因物体质感不同而造成的颜色色调的细微变化，并被认为是代表了颜色的精髓或本质，或是代表了一种特定颜色的理想化版本。卡通漫画就是一类运用低“调制度”颜色来表达视觉模态的典型代表。

克雷斯和范勒文认为“调制度”其实也和情态相关。具有高“调制度”的颜色倾向于表达抽象的和自然主义的事实，因为它们可以表达不同的角度和光线所展现的不同的色调，所以它们带有高情态。但与此同时，具有高“调制度”的颜色也会被认为细节过多，以至太过于小题大做了。相较而言，具有低“调制度”的颜色的情态值就相对较低，因为它们只展示事物的核心信息，而无法表达细节。因此在电影、电视剧或图片中使用低“调制度”的颜色，能够降低情态值。如下图 2–3–1 所示的漫画具有相对较低的“调制度”，因为其目的是让读者知道船上是一个外国人和满载的垃圾，而中国政府和人民则化身为一只有力的大手，把垃圾拒之门外，至于颜色是不是真实，并不是漫画创作者所考虑的重点问题。剥离了具体的颜色细节可以带来一种高度抽象的效果，从而引发读者深思。

图 2–3–1 中国坚决拒绝洋垃圾

（五）差异度

“差异度”指的是另一个维度的颜色变化范围，即从“单色画”到使用许多丰富多彩的颜色来构建的图像或画面。“单色画”指的是使用黑白双色，或者是仅仅使用同一种颜色的不同色调。从语义承载力来说，不同“差异度”的颜色肯定是有显著差别的。低“差异度”的颜色可以表示一种克制、抑制等状态的稠密情绪，如害羞等，但也可以表征一种精细、一致的高品位。而高“差异度”的颜色主要表示情绪上的激动、冒险或充满能量和激情，但是也往往因此被贴上鲁莽和缺乏细致性的标签。

（六）色调

“色调”指的是从蓝色到红色的这个颜色变化连续体。克雷斯和范勒文指出这个变化范围的红色端一直和温暖、能量、突出、前景化等概念联系在一起；而蓝色那一端则和寒冷、平静、距离以及背景化紧密联系在一起。意义潜势处在两种极端之中，红色那端与温暖、能量、凸显以及前景化相关联；而蓝色一端则与寒冷、平静、距离以及背景化相关联。这个红—蓝色调连续体有很多的对应关系和应用。

以上讨论的颜色的规则性或颜色的“语法”是克雷斯和范勒文提出的，在这一个语法体系中，颜色被当作一种符号学资源来讨论。就像其他模态一样，它是一种在不同的文化语境中有着多种用途和功能的符号模态，所以在不同的语境中颜色的组合搭配会有很大的不同。它们可以和其他的符号模态进行组合来实现不同的社会含义，颜色的搭配组合能够帮助我们在一个更宽泛的社会符号学的多模态框架中理解意义的形成机制。

另一方面，不同颜色之间如何协调共存也受到了学界的关注，这在图像颜色的意义表达方面也具有其独特的作用。受克雷斯和范勒文的影响，梅钦认为在视觉交际中有两种层次的颜色和谐。一种是颜色互补，互补的颜色被认为是能够互相协调的颜色，比如红色和绿色、橙色和蓝色、黄色和紫色。另一种和谐指的是颜色在“值”和“饱和度”方面的协调一致。在颜色的某一个维度上，特别是在“值”（亮度）和“饱和度”方面，如果整个画面中所有视觉元素能保持相对一致，视觉和谐就自然达成了，比如暗色调的颜色就能互相调和一致，而稠密的色调之间也能维持和谐。

上述讨论主要介绍了克雷斯和范勒文颜色的符号学解释框架：颜色的多功能属性，颜色的特征和意义潜势，颜色的两个层面的协调一致性。总的来说，根据克雷斯和范勒文的理论，颜色本身就是多功能性的，不仅可以实现人际意义，还可以表达概念和语篇功能。颜色可以被认为是一种符号学模态，但它们却和其他符号学模态有着显著的区别。颜色模态可以与其他模态或符号模式自由组合，如在建筑设计、排版、产品设计或文档设计中相互依存，但是它们并不能独立存在。由于颜色模态依赖性的这种特殊性，它们只能在多模态环境中存在。

第四节　文字设计与排版

尽管文字排版和字体的变化能有助于传达与文字意义相一致的情感或情绪，但麦克莱恩认为字体设计和美化仅仅是一种抽象艺术。这种看法具有代表性，很多语言学家拒绝把字体设计和排版认定为一种独立存在的符号学模态。但科技发展日新月异，特别是运用电脑软件对文字进行排版和美化变得非常容易和便捷，而经过美化的文字可以再通过互联网进行快捷的传播。因此在当今世界，字体设计和排版已经成为一种发展成熟的表意模态了，它本身也具备了较为复杂的语法体系，进而拥有了信息表达和交际功能。在当今世界的传播体系中，运用字体变异、美化和排版来表达丰富含义的做法已经变得非常普遍，如在电视广告、印刷广告、报纸，甚至是人们日常生活的在线聊天中都有运用。除了文字本身的意义编码功能外，文字美化和排版还可以传达额外的意义和情感，使其更加丰富细腻。

以前文字排版和美化往往被语言学家忽视或轻视——认为它们并不是一种独立存在的符号学模态。因此，大部分的文字排版和美化的研究者往往只关注经过排版和变异后文字的“可读性”或“清晰度”。尽管学界已经了解文字排版和美化具有信息表达功能，但我们还不清楚它们的具体编码和组合规律——文字排版的“语法”。因此，许多符号学家已经运用符号学理论来探索和解释这个领域的问题了。我们将详细探讨范勒文从社会符号学途径阐释对文字排版和美化进行的研究成果。

一、文字设计与排版的符号学解释

范勒文对文字排版的意义进行了透彻和细致的研究，认为在他和冈瑟·克雷斯的著作《阅读图像》中没有谈及这个文字排版问题是一个“很大的疏漏”。随着科学技术的飞速发展，文字排版和美化将会从一个在社会交际中从属和边缘化的角色发展为一个具有重要地位的角色。因此，他认为社会符号学家有责任、有义务去探索文字排版和美化是否能被看作一种符号学资源，它们是否拥有自己内在的语法。有鉴于此，范勒文从社会符号学视角切入，分析文字排版和美化的意义潜势，并且最终给出一个积极的答案。在探讨文字排版的语法问题之前，首先需要明确以下两个重要概念。

（一）内涵

范勒文认为有两个关键的符号学原则能够帮助解释字母的构型是如何变成独立的表意形式的。一个是“内涵”或“暗示”，另一个途径则是“比喻义”。“内涵”的概念源自巴特的理论，他认为“内涵”可以运用到符号学模态的解释中去，并且这种运用比在语言文字中的解释更具有说服力。巴特认为图像具有两层含义：内涵层的含义和外延层的含义。外延主要表示语言或文字的直接含义，而内涵表示这些文字或图像所代表的概念、想法和价值观等抽象的东西。对于巴特来说，视觉上的外延主要是针对具体的人、事、物，而视觉内涵则主要指代抽象的概念。

如图 2-4-1 所示的立体字母，其形状和普通字母一样，但进行了再造和美化，在具体形式上和普通的印刷字体有很大的不同，即它们看上去像是一个个灯箱，表面附着了发光灯管。这样的结果使这些字母或由它们组成的单词可以传达一种“科技”或“工程”的内涵或暗示意义。所以范勒文认为内涵主要是指把事物在较为陌生领域中的一些特性输出到该事物另一个人们比较熟悉的领域中去。新的意义就通过这两个不同领域之间产生的关联激发出来。他还表示这种内涵或暗示并不能决定狭义概念上的意义，它们其实是形成了一种意义潜势，可以在特定的语境中压缩这些美工字所产生的意义选择项。而对这种内涵的理解取决于我们的文化背景和百科知识。

图 2-4-1　美工字

（二）比喻义

但不是所有字体都可以基于暗示或内涵来理解的，因为我们不可能总是基于文化知识来理解字母的不同变体。在这类情形下，范勒文认为隐喻原则也可以产生意义，具体来说就是特定字母形式的特征所带有的隐喻意义潜势。梅钦把这种隐喻看作一种比喻关联或经验关联。

隐喻的精髓就是意义的传输和转移，莱考夫和约翰逊认为这种意义从一个域转移到另一个域的活动过程是人们组织自己经历和经验的基本方式和属性。比如这样一个句子："全世界就是一个舞台。""舞台"的一部分特征被转移到了"世界"这个词指代的对象上去了，即把世界形容成了舞台。受莱考夫和约翰逊具有开创性理论的影响，范勒文认为隐喻其实是一个多模态的概念，它不仅可以应用于文字语言的分析，也可以应用于其他符号学模态的分析。在日常生活中，人们经常会发现诸如此类的例子，在电影海报或产品推销广告图像中，较粗字体的使用会让人们产生该产品皮实耐用的联想和暗示，因为粗字体往往和厚重坚固的东西相关联。而细字体的使用会让人们产生该产品精致的印象，因为纤细字体往往和精细轻便的属性相关联。因此，范勒文通过描述文字排版的特征来勾勒出文字排版和美化的符号学潜势。但他强调，这种尝试仅仅是为文字排版提出清晰的"符号化"建议而已，而不是给予各种字母形式以一个"权威"的意义解释。

二、文字设计与排版的表意特点

范勒文列举了文字排版和美化的七个特性。这七个独有特征分别是"浓度""扩展""倾斜度""曲率""连通性""导向性"和"规则性"。

"浓度"指的是在粗体字、常规字体和细体字之间的字体粗细的区别。粗体字可以表达大胆、勇气、确定不移、坚定、稳定、稳重或实在。但它有的时候也可以表达消极的含义，比如盛气凌人的、专横的、傲慢的。相反，细字体表达胆怯、不坚定等意味。

"扩展"指的是从狭窄到宽大，或从压缩到扩展的字体形式变化范围。这种文字排版和美化的特征主要是与我们对空间的理解相关的。狭窄或压缩的字体充分利用空间，因此表达了精确、经济或者拥挤的意思。相对而言，宽大或扩展的字体占据更多的空间，它们自由使用空间，从而可以表达一种信心和自由的意味。

"倾斜度"指的是倾斜和直立之间的区别。这种对比的意义潜势可能意味着有机对抗机械，主观性对抗客观中立，非正式对抗正式。正如图 2–4–2 所示，"生命在于运动"以及周边其他较小的文字表述，全部都采用了倾斜的形式，给读者带来一种动感的体验，与话题的主旨非常契合。这些倾斜的文字确实表征了有机体的活力与主观能动性，代表了一种战胜困难、战胜自我的精神，展示了所向披靡的冲劲和动能。这张多模态图片的意义是通过文字和图像的协作展示出来的，而其中文字的倾斜更是起到了画龙点睛的关键作用。

图 2-4-2 “倾斜度”高的文字排版

“曲率”主要指的是字母或文字在形状上表现出来的弯曲度或是直角的特性。基于文化和经验上的联想，直角和直线通常是与粗鲁、肌肉感或科技感联系在一起的；而曲线则与光滑、柔顺和自然的特性联系在一起。

“连通性”是指相互连接的字母和相互断开的字母群之间的区别。连接的字母一般和手写体相关，因此具有亲密、团结和整体性的隐喻潜在意义。而断开的字母群可以表达孤立、碎片化和原子化的意味。

“导向性”由水平朝向和垂直朝向组成。前者可以表示沉重、呆滞和自我满足，但在另外一个方面也可以表示稳定和坚固；而后者主要表达了轻便、向上和灵感，但缺乏稳定性，有时体现出傲慢的姿态。

“规则性”指的是有规律性和无规律性两个相反的特征。有规律性可以表达正式和秩序的含义，而无规律性则传达了混乱和活泼的信号。无规律性还可以被进一步划分为有意的无规律性和无意的随机分布。前者的隐喻学含义是对权威和规定的反抗和叛逆；而后者则表示无能或不愿意做某件事情。

范勒文对于在文字排版和美化中出现的独有特点进行了概括性描述。从这样的归类和整理中，我们可以看出范勒文并没有把文字排版的这些语法特性看作静态和不变的，而是把它们看作一种开放性资源，能够帮助使用者在不同的社会实践中进行意义表达。

三、文字设计与排版的交际功能

以上的讨论似乎证明了文字排版与美化确实拥有自己的意义潜势，因此能够独立成为一种符号学模态。我们在之前的章节中讨论过，根据哈利迪的元功能理论，任何符号学模态总能同时满足三个交际元功能。克雷斯和范勒文运用这一理论证实了“图像”其实也是一种“语言”，能够独立构成一种符号学模态。他们认为在图像中，概念功能是通过特定的构图安排和“矢量性”来实现的；而人际功能是通过凝视、框架的大小和角度来实现的；语篇功能则是通过信息值、框选和凸显等特质来实现的。范勒文认为文字排版与美化也能实现这三种元功能。

首先，范勒文认为通过表征行为和品质，文字排版与美化能够而且已经被用于表达概念功能。我们可以用图 2–4–3 来例证文字排版与美化的概念功能，可以看到在这幅图画中，图像的创作者使用骨头形状线条构成了英语的“万圣节”单词，以此来传达“死亡”或“恐怖”的概念，巧妙地实现了文字排版的概念功能。

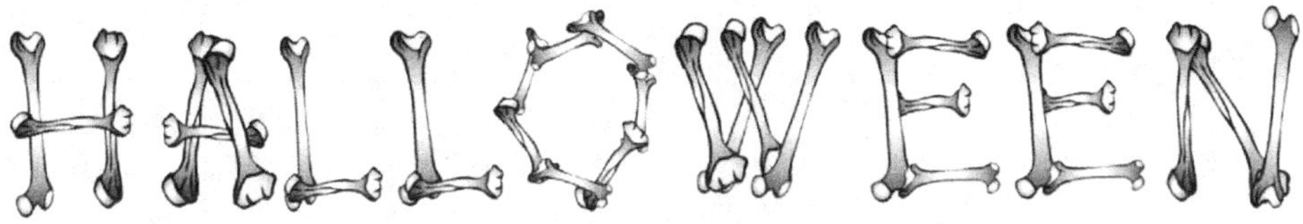

图 2–4–3　用骨头形状线条构成的单词

其次，他认为文字排版和美化也能实现人际功能——传达情感和态度，以及促进人与人之间的交流。这样的例子可以在人们经常使用的即时交际工具诸如 QQ 或微信中找到——字体被放大、加粗或制作成特定的形状来表达情感、态度和喜好等。如图 2–4–4 所示的文字就形态各异，颜色多变，呈现出一种活泼轻松的风格，具有非正式、幽默和调侃的潜在含义，为沟通双方定下了交际的基调。

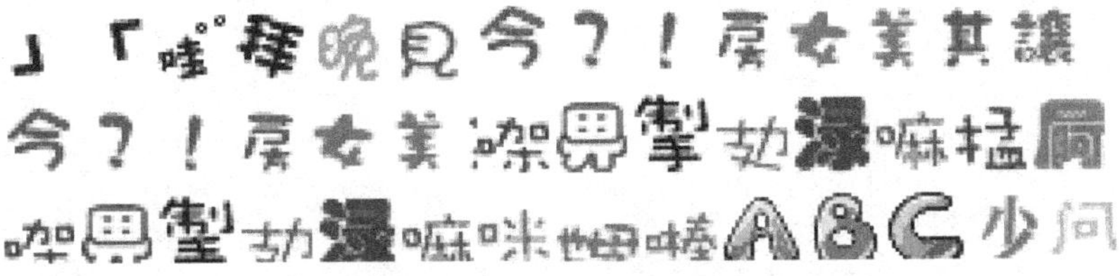

图 2–4–4　QQ 交流的字体

最后，范勒文认为文字排版与美化能够表明语篇单元的边界和界限，界定一个特定的语篇单元与其他语篇单元之间的相似程度和差异程度，从而实现语篇功能。事实上，随着科学技术的进步以及书写和印刷习惯本身的改变，许多语篇前后一致的协调工作已经不像原来那样只能依靠文字本身来达成，而是可以通过语篇的布局、文字的颜色甚至是字体的变化来实现了。

图2-3 [illegible]

图2-4 QQ表情的字体

第三章 评价系统的三个部分

新闻语篇中图像模态的表意机制是揭示多模态新闻语篇综合评价机制的先行条件，而新闻图片所传达的内涵丰富多样，评价意义只是中的一类，因此下一步的目标是厘清新闻图片评价意义的表达机制。本书主要借鉴马丁和怀特评价理论的分析框架，运用他们提出的分析维度和标准来识别并归纳新闻图像中所传达的评价意义，并结合权威媒体中多模态新闻报道进行实例分析，以验证该模型的有效性和可靠性。

第一节 态度系统

马丁和怀特勾勒出一个框架来详细描述人们的态度、立场或偏见是如何在英语语篇中被建构和映射出来的，我们把这个系统称为“态度”系统。这个系统其实涵盖了三个次一级系统，它们分别是“情感”“判断”和“鉴赏”，分别对应的是我们价值体系里面的“情感”“道德”和“审美”。“情感”子系统处于“态度”系统的核心位置，因为它是我们与生俱来就拥有的表达资源。从生理角度来说，我们出生的那一刻起，就已经拥有了感知和表达情感的能力。

“情感”子系统主要是关于人们如何表达和记录积极和消极的情绪，我们感到快乐还是悲伤，充满自信还是焦虑，感到兴趣盎然还是无聊，等等。在接下来的这两个例子中，我们可以看到积极和消极情感的外在表达主要可以通过词汇手段来实现。

①然后，乞丐悲哀地对这个吝啬鬼说：“我的朋友，那你还待在这里干什么？”（消极情感）

②这就是我的生活，我认为值得一过。而且，如果有第二次机会，我将乐意再过一次。（积极情感）

“判断”主要指的是人们对于他人行为所表达的态度，即我们是羡慕、崇拜还是厌恶、反对这些行为；是赞扬还是谴责这些行为；是敬仰膜拜还是唾弃这些行为。如接下来的这两个例子：

①任何人因为怀孕被公司解雇都是违法的。（消极判断）

②善举绝不应该用金钱衡量。当人们做好事仅仅是为了钱，我们还能够指望志愿者做好事时仍保持着高尚的意图么？（积极判断）

“鉴赏”主要涉及对现象和事件的评估，而这样的评估需要在一定的价值观体系中展开，需要建立在一定的社会文化和时代背景之上。具体来说，就是这些现象和事件在其特定领域受重视程度如何。如接下来的这两个例子：

①他们最值钱的财物锁在卧室保险箱里。（积极鉴赏）

②训练并无价值，除非证明其有效。（消极鉴赏）

正如上述例子所能反映的那样，态度类的意义倾向于在一个语篇中传播，而说话者或语篇的作者会在“情感”“判断”“鉴赏”这些方面持有特定的立场。根据马丁和怀特的论述，“情感”主要是关于情绪的，它是对人们行为、语篇/过程和现象的一种在心情上的反映。而“判断”主要是在道德层面上的评价，是用来评估人们的行为的。“鉴赏”则属于审美的范畴，它评估的对象是语篇/过程或者自然现象。

首先，我们需要指出的是“态度”系统里的三个子系统：“情感”“判断”和“鉴赏”，它们的地位是不平等的，即“情感”子系统占据了中心地位，而另外两个子系统可以被视为“情感”子系统的延伸。一种非常有效地看待“判断”和“鉴赏”的方式是把它们看作“体制化”的情感。也就是说，把我们日常的常识世界推向了基于共同价值观体系的非常识世界。“判断”主要是对人们的行为提出评估——“建议”，这是对情感的一种再加工，即我们应该做什么，不应该做什么。那是因为如果做了不应该做的事情，人们会产生消极的情感，如悲伤、恐惧或不安。其中一部分这类的规则被形式化，成为国家规范和社会的运行规则。“鉴赏”也可以理解为是对情感的另一种形式的再加工，它主要是关于事物价值的评估，即“命题”或事物有没有价值。如果有价值的话，就会激发人们积极的情感，如满意、自豪、骄傲、快乐等；而如果没有价值则会引发负面的情绪，如失落、悲伤、遗憾等。而很多评估已经在我们的奖惩体系里面固定了下来（奖励、奖品、奖金、评级、特许等等）。所以我们可以发现，在“态度”系统里面，“情感”“判断”和“鉴赏”的地位并不是一样的，后面两个子系统其实是基于“情感”的，所以“情感”在“态度”系统里面，居于核心位置，而“判断”和“鉴赏”作为一种“体制化”的情感，位于两端。

其次，我们需要认识到“态度”系统涉及的意义是可分级的，因为这种特定的意义可能会被强化，也可能会被弱化。具体来说，情感是有深度的，喜欢和厌恶的程度可以在一个很大的范围内调节和变化。同样，我们认为一个人是高尚或卑鄙，也不是只有一个刻度，如这个人可以是较为高尚、很高尚、非常高尚、极其高尚，即这种“判断”可以在一个较为宽泛的尺度范围内展开。同理，我们对一个特定现象和事件的看法也可以在一个特定的范围内进行调节。如我们可以觉得音乐会的表现精妙绝伦、非常精彩、比较出色、表现尚可、表现平平、乏善可陈，这种表达“鉴赏”的词汇可以展现出非常多的程度差别。对事件涉及“评价”意义的强度，我们会在接下来的一个部分中来专门讨论，即评价系统里面另一个重要的部分“极差”系统里面来进行详细描述。

一、“情感”子系统

马丁和怀特把“态度”发展成了一种话语语义系统，因此他们认为“态度”的实现形式是包含在一系列多样化的语法结构中的。对于“情感”子系统来说，同样也是如此。

（一）“情感”的实现途径

根据哈利迪的论述，“情感”评价的实现途径包含了三种途径：①说话者对事件和参与者进行情感描述；②心智和行为过程本身就带有特定的情感；③在话语中添加“情态附加语”。基于上述理论，马丁和怀特把情感分成了三类：“品质”情感、“过程”情感、“评注”情感。

首先，情感被作为一种特定的“品质”来进行描述，在不同的语境下，它还可以被细分为以下三个子类：

①描述参与者：一个快乐的男孩，别名

②给参与者归纳属性：那个男孩很开心，属性

③过程的样式：那个男孩开心地笑，环境

其次，情感本身就是一种“过程”，即行为或过程本身就是带有情感因素的。而这样的过程还可以分为两类：一类是静态的“心理过程”，另一类是动态的“行为过程”。我们可以通过下面的例句来了解它们之间的区别。

通过心理过程表达的“情感”：

①他的到来令他感到鼓舞→心理过程（起效果的）

②他心里埋怨它们（中介性的）

通过行为过程表达的“情感”：

这个船长笑了→行为过程

最后，情感被通过“评注”的方式表达出来，而这个子类的情感主要是通

过情态附加语的形式体现的。如下面的例子：

令人高兴的是，他终于走了。

除此之外，我们当然也会发现一系列的语法隐喻手段来实现“情感”评价的表达，包括“品质”的名词化实现形式，如喜悦、悲伤、遗憾和“过程”的名词化实现形式，如哀悼、抽泣、哽咽。

（二）“情感”的分类

为了对“情感”进行分类，马丁和怀特提出了五个判断维度，作为归纳和划分情感时可以用到的参考标准。为了方便进行论述，他们把经历特定情感的有意识的参与者叫作“情绪者”，而把激发该种情感的事物或现象称为“触发物”。

①“情感”可以分为积极情感和消极情感。积极的情感主要是指经历或体验这种情感是很享受的；而消极的情感主要指的是悲伤或者痛苦的感受，这种情感最好是应该避免的。如下面的例句所示：

积极情感：这个小男孩很开心。

消极情感：这个小男孩很难过。

②“情感”是通过语言、表情或肢体动作等外显因素表达出来的，或一直在进行中的一种心理过程，抑或是一种静态的关系所带来的内在情绪状态的改变。在系统功能语法看来，这种区分可以分别理解为“行为过程”“心理过程”和“关系过程”。

“行为过程”：她朝他吼叫。

“心理过程”：她讨厌他。

“关系过程”：和他在一起，她感到很开心。

“行为过程”比较好理解，而后两种过程的区分则相对比较复杂。“情感”的产生是针对某一个特定的激发物的反应，或者也可能是一个正在发生中的一般情绪，对此你如果问自己为什么会有这样的感觉，得到的答案往往是“我自己都不知道”。从系统功能语法的角度来看，这两个子类可以分别对应“心理过程”和“关系过程”。在“心理过程”中，“情绪者”和情绪的“触发物”都是这个过程的参与者——“感知者”和“现象”，因此它们是直接牵涉在心理过程中的。如下面的例子：

她喜欢他 / 他取悦了她。

而在“关系过程”中，情绪者和情绪之间的关系也可以被定义为“携带者”和“特征”，从而使得“触发物”变成一个可有可无的环境选项，如下面的例子：

和他在一起，她感到压力很大。

对于这件事情，他很焦虑。

句子体现出来的是情绪产生的间接环境因素，是可有可无的，如果把环境因素删除的话，句子依旧是完整的，因此也可以归为这一个子类。

“心理过程”其实指的是情绪的产生是对他人的反应，如这个船长不喜欢离别/离别让这个船长感到难过了；而“关系过程”指的是无特定目标的情绪，如这个船长很难过。

马丁和怀特认为还有另外一些情感表达形式是介于这两极之间的。比如说由“取悦”引导的被动心理过程，如她被他逗乐了。尤其是当产生这种情绪的触发“现象”不明确的时候，这种状态尤为典型。在这种情况下，这些特定的情感表达模式既无法被归纳为“心理过程”，又很难被划分为“关系状态”。可以把它们看作处在“心理过程”和“关系状态”两级中的一个连续的意义变化情感表达区间，举例如下：

心理过程

她喜欢他

他把她逗乐了

她被他逗乐了

她被逗乐了

和他在一起，她被逗乐了

她感到很逗

她感到开心

关系过程

以上是“心理过程”到“关系过程”的一个意义连续体。

③“情感”还可以根据所表现出来的强烈程度进行分类。人们表达的情感强度值可能相当高，也有可能非常低，又或者是介于这两个极端之间的中间部分。马丁和怀特认为，在目前的阶段，人们并没有办法给某一个特定的情感反应的强度设定一个精确数值，但我们还是可以采取一种较为宽泛的分类方式，即按照低、中、高的标准来划分感情的强度，当然，这也是从词汇表意的层面来考查的。如下面的例句：

低感情烈度：船长不喜欢离别。

中感情烈度：船长讨厌离别。

高感情烈度：船长憎恶离别。

④“情感”可以分为真实性的和非真实性的。这主要是取决于“情感”是

否涉及具体的“触发物”或“刺激物”，也就是说这种感情是对外在环境的一种反应或回应，即“真实的”；或者仅仅是情绪者的一种意图而已，即“非真实的”。从系统功能语法的角度来看，这种区分的根源可以认为是“情绪型”和“愿望型”心理过程的区别。如下面的例句所示：

真实型“情感”：船长不喜欢离别。

非真实型“情感”：船长惧怕离别。

非真实型的情感总是会涉及一定的“触发物”，如表 3-1-1 所示：

表 3-1-1 非现实性情感

非 / 倾向	（行为的）突然涌出	（行为所对应）性情的
害怕	发抖、战栗、畏缩	惧怕、忧虑、害怕
欲望	建议、请求、要求	念想、渴望、热望

⑤最后一个能够对“情感”进行细分的维度是“情感”所及的内容或对象。按照这个标准，我们可以把“情感”划分为三组：“高兴 / 非高兴”“安全 / 非安全”“满意 / 不满意”。“高兴 / 非高兴”主要涵盖的是和心灵状态有关的范畴，如悲伤、憎恨、快乐和喜爱等情绪；“安全 / 非安全”主要是涵盖社会生态性的范畴，如焦虑、害怕、信心和信任等；“满意 / 不满意”主要和个人目标的追求相关，如厌倦、不高兴、好奇，尊敬等。

“高兴 / 非高兴”：船长感到悲伤 / 快乐。

“安全 / 非安全”：船长感到焦虑 / 自信 。

“满意 / 不满意”：船长受够了 / 全神贯注。

“高兴 / 非高兴”这组意义应该是当我们一想到“情感”这个概念的时候，就首先进入我们头脑中了，而且在我们会碰到的所有情绪中都会以某种变体的形式存在，因为它们是有共性的人类情感。它包括直接表示高兴和悲伤，也有可能通过喜欢或不喜欢某个特定的事物而把这种情绪导入一个特定的“触发物”上。

“安全 / 非安全”主要涵盖的是我们在周遭的环境中感到的安全或焦虑的情绪，当然这也会涉及那些和我们分享这些情绪和心情的人。这种“安全 / 非安全”的情感其实就源自保护自己和他人，防止（或没能防止）他们受到来自外在世界的伤害的一种本能或心理冲动，如表 3-1-2 所示：

表 3-1-2　情感——不／安全

非／安全	（行为的）突然涌出	（行为所对应的）性情
	非安全	
不安	焦躁不安、抽搐、颤抖	心神不宁的、担忧的、吓坏了
诧异	开始、大声呼喊、晕厥	受惊吓的、大吃一惊的、极度震惊
	安全	
有信心	声称、断言、宣告	情绪稳定的、自信的、确信的
信任	委托、指派、交托	舒服的、有信心的、信任的

“满意／不满意”主要涉及的是和成就感及挫败感相关的一系列情绪，这主要是和我们参与的事情或行为相关的，当然这既包括我们作为参与者的情形，也包括我们作为旁观者的情况，其主要内容涉及学习和成就。这种具有很强的导向性的情感是和我们到底扮演何种角色高度相关的。作为一项活动的参与者，我们有可能感到非常愤怒和挫败，但是观众们可能会感到厌烦和无聊；我们可能会对自己的成就感到喜悦，但是也会在同时对别人的成就感到非常着迷，如表 3–1–3 所示：

表 3-1-3　情感——不／满意

非／满意	（行为的）突然涌出	（行为所对应的）性情
	不满意	
厌倦	烦躁、打哈欠、不理睬	单调的、陈腐的、倦怠的
不满	谨慎、责骂、严惩	生气、厌倦、愤怒、讨厌、狂怒
	满意	
有兴趣	注意力集中的、忙碌的、勤勉的	参与的、精力集中的、全神贯注的
快乐	鼓励、表扬、奖赏	满意的、印象深刻的、高兴的、着魔的、开心的、激动的

我们在这些表格中提供的例子不可能是穷尽性的，而仅仅是将这一类的范畴所涵盖的意义范围概要地展示出来。选择一个词汇项，而不是另一个词汇项，主要是因为情感深度的差异。为了强调说明这一点，我们用以上的表格来进行了细致的说明。可以发现，能够出现在表格里面的词汇几乎是无法穷尽的，它们能够表达的情感在程度上的差别也是非常精细的。

（三）图像中的“情感”表达

我们的研究试图把视觉语法与评价理论相结合，但应该注意到的是图像和语言文字的性质还是有很大差异的，虽然它们都是视觉模态，但图像相对来说没有文字描述那么精确、细致，它们相对来说比较笼统，只能给我们一个整体的概念或印象。但是图像表达意义或情感的时候，也有自己的优势，就是非常直观，感染力和震撼力非常强，这一点是抽象的语言文字无法比拟的。另一个重要的方面是，人们会认为图像真实客观，而文字表述可能会掺杂报道者的个人主观意见，可信度没有那么高，因此图像在表达态度、观点、情绪的时候会更加具有说服力。但人们往往容易忽视的是，对图像的选择、取景方式、框选、对焦、明暗度等的调节，都会影响到图片的意义，因此图片也是具有一定的主观性的，只是它的隐蔽性更强而已。

在上文的讨论中可以发现，语言文字表达情感的能力非常全面和具体，而图像或图片表达情感的方式就非常地直接和直观，很多情况下是通过画面中人物的表情和体态语展现出来的。

通常来说，图像很难表达心理过程，除非在漫画中，配有文字说明的思想气泡能够传达人物的想法，从而表达心理过程情感。因此，我们可以发现，图像的情感表达也能基本套用马丁和怀特的评价理论，用来解析多模态语篇中所潜藏的态度和观点。

二、“判断”子系统

“判断”子系统主要考察我们对于他人以及他们行为方式的评价，或者说是他人的“个性”的评估。在马丁和怀特看来，“判断”子系统主要可以分为“社会评判”和“社会约束”两大类范畴。“社会评判”主要在以下三个方面展开：“规范”——这个人究竟多么符合常规的价值观和行为准则；“能力”——他们有多能干、才华出不出众；“韧性”——他们到底有多大的决心，是否坚韧不拔。而“社会约束”则主要从以下两个维度来展开：“诚实”——这个人有多么的真诚；“恰当”或“正直”——这个人有多遵循道德和法律规范。

“社会评判”一般都是通过口头形式进行并传承下来的，比如聊天、八卦、开玩笑甚至是讲故事的形式。从中我们也不难发现，“社会评判”倾向于使用非正式和较为轻松的途径来完成，并不具有很大的约束力。随着“社会评判”的开展，久而久之就形成了一种共同的价值观，而这对于特定地域的社会网络和架构的形成是具有至关重要的作用的，这一类的社会网络包括家庭、朋友以及同事等。

“社会约束”则更加正式，它们往往已经变成法典，以法令、法规、规定、规章制度等形式被记载和固定下来。这是关于社会成员应该如何规范、正确行为的准则，而且它们的执行一般都会得到政府或教会的支持和背书。而对那些胆敢不遵守这些规定的社会成员，政府行政和法律部门会对其进行惩处。可以发现，“社会约束”是基于道德和法律层面的，是具有很强约束力的。

为了用具体的例子来说明“社会评判”，马丁和怀特用表3–1–4来例示“规范”“能力”和“韧性”。这里所列举的词汇并不是穷尽性的，而且这里的例子也没有按照程度或强度的高低来进行高、中、低的分级。但是像马丁和怀特对“情感”所做的例证分析那样，他们也对“判断”子系统的词汇例子进行了“积极”和“消极”的分类，即那些人们尊崇的特性是积极的，而那些人们批评的特性是消极的。

表3–1–4　判断—社会评判

“社会评判”	积极的（赞赏，羡慕）	消极的（批评）
“规范”有多么特别	幸运的、有魅力的、平凡的、自然的、和蔼的、冷静的、稳定的、可预测的、时尚的、前卫的、有名气、有名望的	不幸的、倒霉的、奇怪的、奇异的、有怪癖的、不稳定的、不可预测的、过时的、倒退的、无名的、失败的、落选的
“能力”有多能干	强有力的、精力充沛的、强壮的、健全的、健康的、身材好的、成年的、成熟的、有经验的、有智慧的、幽默的、滑稽的、有洞察力的、聪明的、有天赋、平衡力强的、理性的、理智的、专业的、狡黠的、识字的、受过教育的、有学识的、能干的、有成就的、成功的、成果硕丰的	温和的、虚弱的、懦弱的、不健全的、生病的、残疾的、不成熟的、孩子气的、无助的、无聊的、呆板的、沉闷的、迟钝的、愚蠢的、反应慢的、古怪的、神经质的、不理性的、天真的、业余的、愚蠢的、不识字的、未受教育的、无知的、不能干的、无建树的、失败的、无成果的
“韧性”有多么可靠	有勇气的、勇敢的、英勇的、谨慎的、小心的、有耐心的、仔细的、透彻的、谨小慎微的、不知疲倦的、坚持不懈的、可依赖的、坚决的、可靠的、忠实的、忠诚的、持久的、灵活的、适应能力强的、乐意通融的	害羞的、胆怯的、懦夫的、轻率鲁莽的、不耐烦的、仓促的、任性的、虚弱的、分心的、沮丧的、不可靠的、无法依赖的、不忠实的、不忠诚、易变的、顽固不化的、倔强的、任性的

必须指出的是，在这里所给出的一系列词汇只是一个全部潜在意义的指南而已，而当涉及在特定语境中使用的语言时，我们会发现其实在一个给定的环境中，特定词汇项态度意义的表达是会根据不同的上下文发生变化的，因此这些词汇所表达的态度意义也不是一成不变的，它们不是静态的，而是动态的。可以用下面这个例子来说明：马丁和怀特列举了一个表示“判断”的词——“慢”，该词表达的评价是消极的“批评”，隶属于“社会评判”。但是在另一个场景或语境中，它可以表达出截然不同的积极的评价意义，就像在“慢食运动”“慢生活”这些词汇中，“慢”表达的是一种准备和烹饪食物的途径或态度，也可以是吃饭的一种态度，它表示一种悠然自得且健康的饮食与生活方式，与当前社会那种不健康的“快餐文化”、急于求成、急功近利的生活和工作态度形成了鲜明的反差。当然，这个表不应该被机械地认为是一个寻找“判断”子系统对应值的词典或工具书，我们不能把这些词汇机械地应用到语篇分析中去。

表达“社会约束”的典型词汇也被纳入了一张表格（表 3-1-5），而它的两个子系统——“诚实”和“恰当”的评价资源也被分成了积极的和消极的，来进行例证，即那些我们会进行谴责的行为和我们会表彰的行为。如果我们要用一个形象的比喻来说明“社会评判”和“社会约束”的区别，那么我们可以认为，如果消极的“社会评判”过多，那么我们要去看心理医生了，而如果消极的“社会约束”太多，那么我们就可能需要一个律师了，因为这个子系统是严肃的，具有约束力的，是能够上升到道德和法律层面的。

表 3-1-5 判断—社会约束

“社会约束”	积极的（赞扬）	消极的（谴责）
“诚实”	真实的、诚实的、可信的	不诚信的、欺诈的、谎话连篇的
（事实）	坦率的、真诚的、直率的	暗箱操作的、欺骗的、操纵的、
有多么的真诚	——	——
“恰当”	好的、道德的、有节操的	差的、缺德的、邪恶的
（道德）	守法的、公正的、公平的	腐败的、不公正、非正义的
有多么的正直	敏感的、友善的、照顾别人的、礼貌的、尊重的、谦卑的、利他的、慷慨的、慈善的	无情的、刻薄的、残忍的、粗鲁的、不礼貌的、不尊重的、自私的、贪婪的

组成“判断”系统的这些评价维度其实对应了哈利迪提出的语法“情态化”里面的分类。这种对应关系体现在：在“社会评判”这个维度内，“规范”对

应了“常规”，“能力”对应的是“才干”，而“韧性”对应了“倾向”；在“社会约束”中，“诚实”对应“可能性”，“恰当”对应“责任”或“义务”。哈利迪总结的“语气”“情态”和“人际隐喻”等概念给我们提供了功能语法中人际意义与评价系统的桥梁。

如果我们沿着这个思路来考虑，就可以发现，其实我们可以把人际语法（语气和情态）以及评价系统放入到同一个生态系统内。语法化的意义实现方式位于这个生态系统的一端，而词汇化的意义实现方式则位于这个生态系统的另一端，而哈利迪提出的能够构建意义的情态隐喻则位于这个生态系统的中间位置，从而正好能沟通两端的语法实现方式和词汇实现模式。

相对来说，通过图像来确定“判断”子系统的评价意义也是比较方便的。但是“判断”子系统是关于人的品性和行为的，而这样的评价意义往往在一张静态的图像中不容易表达充分。但我们还是能够在很多图片中挖掘出相当丰富的“判断”意义，只是没有语言文字那么细致和周详。

三、“鉴赏”子系统

根据马丁和怀特的研究成果，“鉴赏”这个范畴要建构人们对于“事情”的评估意义。这里的“事情”主要指人们所做的事情、他们的行为表现、还可以包括自然现象，而“鉴赏”则反映这些事情的价值到底是怎样的（我们如何评估它们）。总的来说，“鉴赏”可以分为对事情“反应”的评估，即这个事情能不能吸引我们的注意力，能不能令我们开心；对事情“构成”的评价，即平衡还是复杂；以及对它们“价值”的评估，即它们到底有多创新、有多真实或有多么及时等。

我们会在表 3-1-6 中，用例子来说明“鉴赏”系统，及其细分子系统——“反应”“构成”和“价值”的词汇实现方式。下表列出来的那些表达“鉴赏”意义的词汇并不是穷尽性的，而且这些词汇的例子也没有按照表达评价意义的强烈程度，从高到低地进行有序排列。就像“情感”和“判断”系统那样，马丁和怀特也把表示“鉴赏”的词汇资源分成积极的和消极的两类。

表 3-1-6 “鉴赏”的种类

鉴赏	积极的	消极的
“反应”	醒目的、迷人的、有魅力的	无聊的、枯燥的、乏味的
（冲击或影响）	令人着迷的、激动的、感人的	苦行的、无吸引力的、无味的

续 表

鉴赏	积极的	消极的
有没有能够吸引我	生动的、戏剧性的、紧张的、了不起的、显著地、轰动的	平淡的、可预测的、单调的、普通的、缺乏想象力和创新的
“反应”	好的、行的、可以的	差的、坏的、肮脏的
（品质）	可爱的、漂亮的、壮观的	平实的、丑陋的、怪异的
我喜不喜欢	吸引人的、迷人的、受欢迎的	令人讨厌的、反胃的、不愉快的
“构成”	平衡的、和谐的、一致的	失衡的、不一致的、不规则的
（平衡）	对称的、成比例的	不平均的、有瑕疵的
是否能一致、协调	前后一致的、深思熟虑的、合逻辑的、形状美观的、曲线美的、苗条的	矛盾的、混乱的、成形的、扭曲的、不协调的
“构成”	简单、纯粹、优雅	华而不实的、铺张的
（复杂性）	明晰的、清晰的、精确的	晦涩的、不清晰的、模糊的
是否很难理解	错综复杂的、丰富的、细节丰富的、精确的	平实的、单调的、简约的
“价值”	有创意的、深厚的、有深度的	肤浅的、无重要意义的
是否值得	及时的、期盼已久的、地标性的、独特的、例外的、唯一的、真实的、正统的、真诚的、有价值的、无价的、值得的、合适的、能起到作用的、有效的	过时的、过期的、不及时的、重复的、例行的、普通的、假的、伪造的、不值钱的、假冒伪劣的、过分昂贵的、无效的、没用的、报废的

在所有这些表示“鉴赏”的词汇资源中，“价值”子系统在话语分析的实践中效果最为显著，因为事物的价值其实在很大程度上取决于特定文化中约定俗成的社会机制或体制。马丁和怀特举了一个例子：在艺术界，史蒂维·雷·沃恩的蓝调音乐就非常受到他歌迷们的赞赏，因为他的蓝调非常正统。人们会用以下的词汇来对他的音乐作品进行“鉴赏”：真实的、决定性的、真正的、纯粹的、正统的、骨灰级的、经典的、精髓的、精华的、这就是蓝调真正应该有的样子……。其中一个乐迷还这样评价道：“如果你无法欣赏这张 CD 上面的音乐，那么你就不是一个真正的，上帝庇佑的美国音乐的乐迷。”

而马丁和怀特认为在学术领域，更加被大家看中和珍视的贡献应该是这种思考周详的创新行为（或者因为缺乏这样的创新而受到轻视和批评），这样的词汇有以下的例子（如表 3–1–7 所示）：

表 3-1-7 创新的相关词汇

积极的	消极的
透彻的、有洞察力的、有启发意义的	肤浅的、无特点的
有挑战性的、有意义的、有深远影响的	不具有说服力的、未能证实的、幻想性的
有深远影响的、令人满意的	有偏见的、怪异的、违反直觉的
成果丰硕的、有划时代意义的、开拓创新的	令人困惑的、晦涩难懂的

从语法的角度来看，我们可能认为“反应”“构成”和“价值”是和我们观察事物时产生的心理过程相关的。“反应”是和“情感”相关的（感情性的——“这个吸引我”，愿望性的——“我想得到它”）；“构成”是和感知相关的（我们对于秩序的观念）；而“价值”是和认知相关的（我们所持有的观点）。换个角度来看，“鉴赏”的这个评价范畴可以从元功能的视角来进行解释——“反应”是和人际功能相关联的；“构成”是和语篇组织相关联的；而“价值”是和概念功能相联系的。

我们可以清楚地发现，“鉴赏”的子系统“反应”是和“情感”系统有关联的，但其实它们之间还是有明显区别的，应该区分某人感受到的情感和我们对事物做出的回应，被激发出特定的情感或情绪。比如下面的例子：

“情感”→“鉴赏”的子系统——“反应”

我很开心→令人激动的音乐曲目

与之类似的是，对某事的积极和消极“评估”与我们对某人能力的积极和消极“判断”也是类似的。但马丁和怀特认为也应该区分对人行为的“判断”和对事情的“评估”。

“判断”的子系统——“能力”→“鉴赏”的子系统——“评估”

一个杰出的学者→一个全面的评估

本书已经讨论了图像是如何来表达“情感”和“判断”这两类评价意义的——通常情况下图片中的视觉元素以人为中心，这是因为“情感”是人表露出来的；而“判断”是关于人的品性和行为的。相较而言，“鉴赏”意义主要是对于事物和事件的评价，所以图像中的核心元素不一定是人，而更可能是事物或特定的场景。图片在呈现静态事物方面还是比较得心应手的，但是在表达动态的事件方面还是要和报道的文字说明相联系，才能更好地展现出评价效果。

四、“态度”系统里各子系统之间的界线

“态度”系统主要是通过词汇或语法方式实现的，而其中“形容词”被认为是最“正统”的一种实现手段，因为它们本身就是可分级的，便于精确地对态度进行细微区分。而“态度”系统里各子系统都可以使用形容词，很多形容词又是多义词，或者在不同的语境中表达不同的内涵，因此在很多情况下，这三个子系统——“情感”“判断”和“鉴赏”比较接近，人们容易产生混淆。

（一）各子系统间的外在相似性

一般来说，容易造成混淆，或较难区分的两个子类是“判断”和“鉴赏”。马丁和怀特认为我们可以从评价的源头的属性来对这两个子类进行区分，他们认为评价的源头或者说是发出评价者应该是有意识的参与者，包括个人、集体和机构，如下所示：

①妇女、男孩、母亲、罢工者、发言人、律师、客户、教师、学生……

②家庭、团队、连排、班级、牧师、教会、陪审团……

③政府、委员会、法庭、议会、董事会、公司……

这些有意识的参与者的行为就是“判断”的对象；而“鉴赏”则是针对事情或现象的，不管是具体的还是抽象的，是物质的还是符号意义上的。因此，在以下的例句中，“高调”有着不同的评价意义。

他很高调地处理这件事→判断

这一举措非常高调→鉴赏

同样的态度词汇既可以被用于进行“判断”，也可以被用于执行“鉴赏”，尽管它们表达的含义并不一定总是相同。区别在于，在“判断”中，句子主语是一个有意识的参与者，并承担了机构的角色；在“鉴赏”中，句子主语是一个复杂的过程，并被当作一个实体。马丁和怀特用了以下的例子（表 3-1-8）来进行说明：

表 3-1-8 “判断”和“鉴赏”表达上的差异

“判断”	“鉴赏”
证明了他是一个迷人的选手	这是非常吸引人的比赛（冲击）
证明了他是一个极为出色的选手	这是一场极为精彩的比赛（品质）
证明了他是一个均衡的选手	这是一场表现均衡的比赛（均衡）
证明了他是一个划算的选手	这是一局简约风的比赛（复杂性）
证明了他是一个极有价值的选手	这是极具价值的一局比赛（价值）
证明了他是一个平庸的选手	这是平庸的一局比赛（常规）

续　表

“判断”	“鉴赏”
他是一个出色的选手（能力）	那是出色的一局比赛
他是一个勇敢的选手（韧性）	那是勇敢的一局比赛
他是一个诚实的选手（诚实）	那是诚实的一局比赛
他是一个负责任的选手（恰当）	那是负责任的一局比赛

马丁和怀特认为，虽然在很多情况下，在不同的上下文中，某些词汇可以被用来表达“判断”和“鉴赏”的双重评价意义，但如果用上文概括出的特定句型框架来进行限制，它们的灵活性就可能会大大降低了。如下面的例子所示：

①他们来的话是理智的行为。（判断行为）

②我认为这是诚信可靠的。（鉴赏一件具体的事情）

除了以上提及的这种容易引起混淆的情况外，还有少量的词汇，既可以用来表示“情感”又可以用来进行“判断”，如下面这些词汇：有罪的、感到内疚的、尴尬的、自豪的、妒忌的、羡慕的、感到羞耻的、憎恨的、侮辱性的。这些词汇是一种对行为的情绪性回应，我们所表达的态度可能是赞许的，也可能是持批评态度的，所以它们可以同时兼有“情感”和“判断”的评价意义，如以下例句：

①我对于取消这个（活动、项目……）感到内疚。

②我对于他们获胜感到自豪。

而“激怒、厌恶”这两个词汇可以综合表达“情感”与“判断”或“鉴赏”的评价意义，如以下例句：

①他们激怒了他，我对此感到厌恶。（情感 / 判断）

②我觉得这个气味令人作呕。（情感 / 鉴赏）

虽然某些特定的词汇可能兼有几个子系统的评价意义，但如果我们用上面讨论过的句型来进行限制的话，就会比较好区分这些评价意义的表达。

如果从图像的角度来看待这个问题，我们会发现其实同一个视觉元素很多情况下可以同时传达不同维度的态度意义。最常见的重叠现象是既有“情感”又有“判断”，因为这两个子系统都是关于人的，如果视觉元素中出现了人，这两个评价维度往往很难分隔开来。

（二）子系统之间的区分方式

基于这个认识，马丁和怀特概括出一种专门用来区分和辨别不同类型的“态度”的语法框架。他们为“态度”系统的各个子系统归纳出了特定的句型，如果某个句子可以被改写成以下句式中的其中一个，那人们就能相对容易地确定这种“态度”究竟是属于哪个子类的。

首先，对于“情感”来说，一个非常行之有效的区分框架就是“归属性关系过程”，这其中参与者是有意识的，而核心动词是“感觉”，其内容就是表达“情感”的特定的形容词。如下面的例句所示：

“情感”：

①我（对于这件事 / 他们的到来）感到高兴。

②他们的到来使我感到高兴。

其次，对于“判断”子系统来说，一般也是使用“归属性关系过程”来把一个态度添加到对某人行为的评判上去。一般来说，人的行为是用一个主语或主语从句来表征，通过系动词与表“判断”的形容词构成一个系表结构，从而完成整个评价过程。其中，有意识的参与者可以通过“对于 + 参与者”的结构明示出来。如下面的例句所示：

“判断”：

①他们这样做是愚蠢的。

②（对于他们来说），这样做是愚蠢的。

最后，对于“鉴赏”子系统来说，这主要是一个心理过程，有意识的参与者充当主语，表示态度类的动词，如“认为”“相信”“觉得”等充当谓语动词，而事情或过程充当宾语，表鉴赏的形容词则充当“补语”，来说明事情或过程的性质，从而完成了整个鉴赏过程。在这个过程中，说话人成功地把一种特定的态度归属于某人。如下面的例句所示：

①我认为它是美丽的。

②他们认为它是美丽的。

事实证明，这个辨别“态度”系统中各个子体系的方法非常高效，能够帮助学习者、研究者和读者们区分各种评价子系统。显然，在多模态语篇中，图像也能表达多重的态度意义，研究者可以把这些评价意义层层解析出来。所以不需要像对待语言文字表述那样，不可能也不需要区分特定图像到底表达了哪一类型的态度意义，只要把这些评价意义全部解析出来就可以了。

第二节　介入系统

马丁和怀特认为所有的表述，不管是口头的或是书面的，都可以看作带有某种立场和态度的，不存在绝对中立的叙述。因此，他们认同斯塔布斯的观点：

"在说话者（作者）说话的时候，他们就已经把自己的观点编码在这个话语里面了。"实际上马丁和怀特的评价理论受到了巴赫金具有广泛影响的话语理论的影响，即他提出的话语的"对话性"和"多声性"。因为我们所说的话、所写的文字，在某种程度上都是为了展示以前说过的或写过的话的影响力，或为了提及它们、引用它们、并预期得到实际的、潜在的和/或是想象中的读者或观众的回应。因此，在他们看来一切的表述都是对话性的，不存在绝对中立的表示真值意义的陈述。

"介入"系统可以分为四个子系统，它们分别是"否认""公告""接纳"和"归属"。

①"否认"表示一种语篇声音，表明自己的立场和观点，并对其他的观点采取反对和否定的态度。它主要具有以下的两种表现形式：

"否认"否定：你不需要放弃吃土豆来减肥。

"否认"反预期：尽管他整天吃土豆，他还是减重了。

②"公告"表示的意思是：展示或宣告一个命题或断言，并认为其具有高度的可行性、正确性和真理性（有效的、合理的、有根据的、普遍认同的、可靠的等）。这种话语声音会反对、排斥、压制其他所有的不一样的观点和立场。它主要具有以下的三种表现形式：

"同意"："自然的……""当然……""明显的……""必须承认的是……"等等。

"宣告"："我认为……""这件事情的真相是……""毫无疑问的是……"等等。

"背书"："某某已经表现出或展示出……""正如某某所展示的那样……"等等。

③"接纳"表达的意思是：通过明确地展示目标命题是基于偶发性和主观性因素做出的判断或得出的结论，作者的语气表明这个命题只是一系列可能正确的观点和立场中的一个。因此，这种语气接纳或者引发对话的产生和接纳其他可能选项的可能性。如以下的固定表达方式：

"看来似乎……""证据表明……""明显的……""我听说……"等等。

"有可能……""可能的……""或许……""有可能……""在我看来……""我怀疑……""我相信……""有可能……""几乎可以肯定的是……"等等。

④"归属"主要指的是：在展示或提出一个特定的命题或观点时，指出这个观点是基于某一个外在声音的主观性提出的，这个命题只不过是一系列可能

立场中的一个。与“接纳”类似，这种话语模式也会接纳或者引发对话的可能性和接纳其他可能选项。它主要具有以下的两种表现形式：

“承认”：“某某说……”“某某相信……”“根据某某……”“在某某看来……”。

“疏远”：“某某宣称……”“有传言/谣言显示……”。

一、单纯断言或单声

“单纯断言”经常被认为在主体间性上是中立的、客观的，甚至是“事实的”。但是这样的论断或者描述并没有考虑到话语的对话属性和语境属性，而只是考虑到了命题的“真值条件”。一旦我们认识到，所有的口头交际都是发生在一个多声的背景下面的，即同时存在着其他的声音和不同的观点，那么我们所能看到的景象也就完全不同了。

我们所提到的各种话语属性的资源都在某种程度上涉及对话的背景。每一个话语其实本身就暗示着其他声音或不同观点存在的这种逻辑安排。比如以下这个例子：存在着这样一个观点，银行是贪婪的。这个句子本身就构建了一个多声的环境，里面拥有不同的、相互对立的观点，即银行的行为到底是不是恰当。这种表明银行“有罪”的声音只是很多种可能观点中的一个。吸收了巴赫金的话语理论，马丁和怀特给所有的话语都贴上了“多声性”的标签，因为文本的交际环境都是多样化的。

“单纯断言”显然是和这种具有“多声”性质的话语和文本产生冲突的。因此巴赫金把交际语境分为了两种，一种是“单声性的”，另一种是“多声性的”，至少就那句话所占据的短暂的文本空间内是可以这样认为的。如果从这个角度来看的话，“单纯断言”的说话者/作者剥夺了当前的这个命题的会话属性，即没有任何的其他不同的可选观点，把这个陈述仅仅看作一个静止和绝对的命题。

从更广义的角度来分析，我们可以按照这样的一个区别把话语划分成两个大类：当话语不涉及其他声音和观点，把自己看作一个纯粹的命题的时候，话语就是“单声性的”；但是当它们引发或允许其他不同的声音、解释或观点的时候，就是“多声性的”。如表 3–1–9 所示：

表 3-1-9　单声和多声

“单声性的”	“多声性的”
不承认其他可选的话语解释	承认其他可选的话语解释
银行是贪婪的	①尽管有一种论断表明银行是贪婪的 ②在我看来，银行是贪婪的 ③电台的听众认为银行是贪婪的 ④消费者协会的主席表示银行是贪婪的 ⑤我们不可否认银行是贪婪的 ⑥每个人都知道银行是贪婪的 ⑦银行并没有表现出贪婪性

二、多声：收缩性话语和扩展性话语

我们之前讨论了，话语的主流形态是“多声性的”，但具体来看，多声话语还可以细分为不同的种类。在这些纷繁的分类中，我们发现多声话语主要分为两个大类：“收缩性多声”和“扩展性多声”，这个分类主要是基于它们在主体间发挥的功能性来进行的。这个分类主要的判断标准是：一个特定的话语在多大程度上能够允许其他解释或意见的存在（话语扩展）；或者在多大程度上挑战、抵御或限制其他声音或意见存在的范围或可能性。马丁和怀特通过列举下面的文本来说明这两种多声话语的区别。

①他们急于向选民表明他们有切实可行的政策。

②研究显示年轻人仍然指望父母作为他们主要的健康信息来源。

③一个地下组织已声称对炸弹爆炸事件负责。

在以上例句中，“显示”“表明”这两个词的使用让所引述的命题显得“真实”“可靠”，这样再接纳其他的观点和立场的空间就比较小了，因为这个命题本身已经比较具有说服力，所以，这是一种“收缩性”的多声。而在第三个例子中，“声称”的使用则让作者和所引述的话语保持了较远的距离，或者说让读者觉得这种论断或陈述比较“可疑”，即作者本身就对此持怀疑的态度，因此这让读者觉得应该接纳其他的声音或解释，所以它是一种“扩展”的多声。

这些引文其实都很明显是“多声性”的，因为它们都明确地指出了外在声音和其他观点存在的可能。这主要是因为它们都使用了“转述引语”。但是在前两个例子中，一类特殊的“转述动词”应当引起我们的注意——“显示”和“表明”，这些动词其实是已经表明了说话者对这个命题的态度，认为其是正确的。通过这种“背书”的模式，作者的声音把所引述的命题呈现为“真实的”或“有效的”，因此与这个外在的声音或意见形成了一种结盟的关系。这种模式在事实上达到了反对、抵御或抑制实际的和潜在的反对的声音或意见效果。这种模式被称为“话语收缩”，试图关闭或收窄其他声音和意见传播的通道。

第三个例子则呈现了相反的效果，在这个例子中，话语声音其实是拉开了与“声称”引导的命题的距离。这种模式用一种开放选项或是持怀疑和保留态度的方式，来引入或导出这个命题。所达成的效果是能引发，或至少是接纳不同的话语声音和观点，因此可以降低在其他可选观点或意见被提出时的人际成本，即提前说明自己认可不同意见的存在，并欢迎别人提出。这种模式被称为“话语扩展”，打开及拓展了其他立场和观点表达和传播的空间。

这里必须强调的是，我们在例子中用到的这些诸如“声称”这样的动词，不一定在所有的例子中都发挥类似的作用。这样一个词的修辞潜势在不同的语境、上下文、语域、文体中可能有着系统性的差异。

（一）扩展性多声

“扩展性多声”又被称为“话语扩展”，即一个特定的话语在很大程度上能够允许其他解释或意见的存在。这个范畴还可以细分为两个子类：“接纳”和“归属”。

1. 接纳

“接纳”主要表达的意思是：作者通过他的措辞表达的态度和立场只是一系列可能选项中的一个，因此，或多或少地给其他的声音或意见创造了话语空间。作者的话语接纳了那些对话的可能性。说话者或作者可以通过评估可能性来进行“接纳”性的介入，主要是通过使用一些情态助词来完成，如“有可能”“或许”“肯定”，或者通过情态短语动词，如“有可能是……”，或者通过某些表示心理活动的动词词组来表示，如“我怀疑……”“我觉得”“我相信”“我确信”“我认为”。根据哈利迪的论证，从交际功能的角度来看，以上列举的这些短语或句型更倾向于是“情态性”的，而不是“经验性”或“信息性”的。当然“接纳”也可以用另一类基于证据或经验的假定命题来表示，如“看上去似乎……”“很明显……”“研究表明……”。

举例来说：事实上，这可能是英国首相有史以来最不成熟、最不负责任、最可耻、最具误导性的讲话。

很多传统的关于情态的论述可能会认为这段表述是“缺乏对于命题真值条件的恪守”。但是如果我们从对话的视角来看这段表述的话，就会认为“认知状态”和“知识可靠性”并不总是需要首要考虑的，也并不总是决定交际目的。在这个表述中，信息的可靠性并不是作者的首要关注，其实说话者主要是想提出一个完全主观和基于自己观点的对首相的评价。这个演讲不光是“不成熟”“可耻”的，而且是比以往那些糟糕的演讲更差劲。作者使用了“可能”这个词，从而表示承认可能有其他人对这个讲话的看法是和自己不一样的，即其他可能的选项和观点都是被允许的，属于“接纳”的范畴。作者由此创造了这个文本的多声性背景（对这个演讲持消极评价的观点），即人们可能会认为这个首相还做过更为糟糕的演讲或其他首相也做过糟糕的演讲，但是这个首相是最糟糕的。

2. 归属

对于“归属”来说，我们主要不是考虑那些与文本内部的作者声音产生关联的命题，而是主要关注来自外部的声音和观点。这主要是通过语法途径实现的——直接引语和间接引语。这种扩展性多声——“归属”主要通过交际过程动词和心理过程动词来表达。如下面两个例子：第一个例句的动词表达交际过程，而第二个例句的动词表达心理过程，它们都是用了间接引语，信息源都是来自外部，而不是作者本身的观点，这是与另一种扩展性多声——“接纳”最主要的区别，因为后者的观点和声音发自内部，即表达的是作者自己的立场和态度。

①我只想说这是我一生中听到过的最虚伪的事。

②专家们认为即将到来的干旱将会是大面积的。

“归属”还可以通过以上论及的这些动词的名词化形式来引导或实现，如以下的例句所示：

①她在诗中的婚姻主张非常笼统。

②我们坚定的信念是卫生保健的改善会带来更加茁壮、繁荣的经济。

还有一些介词短语也可以实现类似的功能，如“根据某人的观点、描述”“在某人看来”等，例如：

根据最近的民意调查，目前人们普遍支持这些提议。

我们可能会注意到，有一些词汇在以上谈论到的两个扩展性多声——“归属”和“接纳”都可以作为引导词来引出直接或间接引语。特别是表示心理过程的词汇和词组，比如：相信、怀疑等。实际上，在有上下文的情况下，这两者是非常好区分的。“接纳”把说话者/作者作为声音或意见的来源，如我相信、在我看来。而“归属”则主要呈现来自外部的声音或观点，如很多澳大利亚人相信、在道金斯看来。

在“归属”的表达中，我们也可以经常发现没有特定指明或清楚表明外部信息的来源，我们很多时候把这种来源不明的外部声音称为“据说、听闻”，如下例：

①据报道有两百多人在上周的战斗中丧生。

②听闻医生们已经说明了反对这些提案的理由。

（二）收缩性多声

现在我们来讨论与“扩展性多声”相反的另外一种话语形式，被称为“收缩性多声”，因为其旨在收缩话语空间而不是扩展或打开话语空间。这些话语表达的意义虽然也为其他声音和价值观立场建构了文本对话的背景，但是它们的指向是朝着排除特定的对话选项，或者是限制其他选项。“话语收缩”主要可以分成两种大类：“否认”和“公告”。“否认”表示某些话语选项被直接拒绝、排除，或者明确表示它们在该环境下不适用。“公告”指的是通过说话者或作者的一些介入、篡改、强调等，对话可选项被挑战、质疑、颠覆或者直接排除。

1. 否认

在“否认”这个子类里面，话语所表达的含义其实是激发了之前叙述过的内容或是其他的观点或声音，以便于能够去直接拒绝、替换或是判定为不可成立。显然，否认其他的声音或立场是最大程度上的话语收缩，但是与此同时，首要前提是其他可选的声音和观点的存在得到了承认。“否认”可以进一步分为两个子系统——“否定”和“反预期”。

（1）否定

从对话的角度来看，“否定”其实是把可选的其他立场和观点引入对话中的一种方式，因为只有先承认它们的存在，才能拒绝接受它们。因此在这一类的对话环境中，否定的立场并不一定是肯定立场在逻辑层面上的对立面，因为否定的立场会预设肯定立场的存在；而肯定立场则不一定预示着否定立场的存在，或者至少这不是一种典型的状态。如下面的例句，这里的否认——犯罪跟枪支本身并没有关系，其实已经预设了人们心中普遍存在的观点，即犯罪跟枪支是有关联的。

美国的学校也经常发生枪击案，这在国际社会上引起了极大的反响，许多社会人士奔走呼号，建议美国禁枪。而美国政府表示，犯罪的是犯罪的那个人，是那个人的思想，跟枪支本身并没有关系，所以居民还是应该合法持有枪支，人类犯下的错不应该让枪支背锅。

（2）反预期

“反预期”这个子类的否定用一个命题来取代或反对另一个有可能在此地出现的命题。它一般由连词虽然、然而、还、但是等表达，表示一种让步关系，与人们的预期相反，如下例：

尽管我的小英雄只有一只胳膊，可她能像我们一样做我们能做的事。

在这个例子中，前后两个句子的意思是对立的，是不相容的。但是，和通常的预期相反，作者表示这两个看似矛盾的命题，其实是相通相容的。这种反对，其实也是把一种预期或常识投射到了受众的身上。即一般只有一只胳膊的人属于残疾人，自理能力比较弱，需要社会成员的帮助，而不能成为帮助或拯救大众的英雄。正因为这种被否定的命题与读者的期待或常识一致，说话者才能够与读者建立起某种一致关系。如果读者没有这样的期待，那么“否定”的话语意义就无从表达。

2. 公告

“公告”指的是人们并不是直接拒绝或否决一个相反的立场，而是主要采取限制对话多声性的范畴来实现的。而“公告”可以分为以下三个子系统：“同意”“背书”和“宣告”。

（1）同意

“同意”主要表达的含义是：明显和公开地宣布说话者同意或和所投射的对话伙伴有相同的认识。一般来说，这种投射出来的对话伙伴就是文本中假想的听众。“同意”也可以分为两种，一种是“让步同意”，另一种是“肯定性同意”。前者的典型句型有：“应当承认……”“但是……”“我认可……”“然而……”；后者的典型句型有：自然的、显然的、明显的、当然等。

首先，“肯定性同意”的功能主要是通过特定的词汇或词组来表达的，如：当然的、自然的、不令人意外的、应该承认的是、确定的……比如下面这个例子：阿布扎比电视台采访约旦国王阿卜杜拉时的一段对话。

①阿布扎比电视台：陛下，尽管教义和暴力之间是互相矛盾的，但是为何这些极端组织还是要诉诸暴力呢？

②约旦国王阿卜杜拉：自然地，我们是这样理解这个问题的，阿拉伯人和穆斯林们对于自已受到的不公正待遇感到愤怒和沮丧是暴力行为的根源。

在这段对话里面，说话者——约旦国王阿卜杜拉用“自然的”这个词，为文本构建了这样的一类听众——他们认同说话者的观点，即阿拉伯人和穆斯林的愤怒和沮丧是可以令人理解和接受的。这种“同意”的关系也可以通过特定的修辞问题或“引导”问题来实现。这类问题由于答案显而易见，所以作者/说话者假定不需要提供这个问题的答案。发言者和听众被认为是如此彻底完全地达成了一致，以至于这种一致意见被认为是理所当然的。如下面的例句：

①运动员可以服用兴奋剂吗？

②这样的问题把读者引向一个“不可避免”的回答，那就是：

不，他们当然不应该服用。

各种类型的“同意”在本质上是对话的，因为当前的说话者/作者在和文本的读者进行“对话”。这种话语结构是收缩性的，因为它把那些共有的价值观和信仰展现出来，或者至少是在当前的文本环境下是被广泛接受的。因此，它就起到了排除其他对话选项（其他观点和立场）的作用，因为其他的选项都会把自己和普遍接受的价值观放在对立面上。

其次，还有一部分的“同意”结构属于“让步同意”，其实往往是作为否定结构和意义的先导。如以下的例子：

确实（同意），他破坏了规定。是的（同意），他很圆滑。应该承认（同意），他举止不端。但是（反对），看看他所取得的成就吧。他白手起家，现在已经拥有了一家跨国公司，而且这个商业帝国已经延伸到世界各地……

在这一段表述中，有两个互相关联的修辞行为（一个修辞对），作者的声音首先和所想象的读者在一系列特定的命题上取得一致，但其目的只是为了先退一步，重点在于后续由这个命题推导出的假定或推论。在这个例子中，作者首先承认大家普遍认同的关于罗伯特·马克斯维尔的一些负面评价，只是为了说明所有这些不足之处都无法以掩盖他的辉煌成就。作者先承认一个“反”——马克斯维尔社团的价值观，再表达自己的不同意见。这种修辞配对被称为“让步”。也就是说，这种让步是不情愿的、勉强的、有条件的。这和我们之前讨论过的“让步”是不一样的，它们并没有这种保留态度和故意疏远。

（2）背书

“背书”的含义主要是：作者将提出的命题诉诸外部的信息源，而且作者还认为这一特定的命题是正确、有效的、不可抗辩，或者是在最大限度上被认为是正确的。这种解释或说明是通过使用特定的动词（或者是与他们对应的名词形式）来表达的，即通过一个特定的指号过程来让说话者/作者预设这个命题的合理性和可行性。这些动词包括：显示、证明、展示、发现、指出，以及其他表达“事实性”的这类动词。如下面的例句：

①这项研究也表明了肥胖和死亡率之间的直接关系。

②研究表明年轻人仍然指望父母作为他们主要的健康信息来源。

以上讨论的这个结构的对话性是非常明显的。在某种程度上，“背书”和之前讨论过的“归属”有点类似，它们都是提及之前的某一个发言者的声音和观点，并且都在一定程度上表达了对外在立场的认可。但是“归属”明确地把话语中提出的命题和说话者分离，至少是暂时的分离，和这个命题保持一定的距离，只表示这个命题是某一个画外音提出的。而“背书”则没有这种分离的特性，作者声音和这个外在发言者的立场取得了一致，说话人承担起了为命题背书的责任，至少是承担了支持外部意见一部分的责任。

（3）宣告

当说话人强调、明显地干预或改动某种观点或意见的时候，这种“公告”的话语行为就是“宣告”。比如以下的这些词汇：“我主张……”“事实是这样的……”“事情的真实面貌是这样的……”“我们只能得出……的结论”“你不得不认同……”。如下面的例句：

我们只能得出结论：在罢工投票中会员的支持下，你们的请求定会得到满足。

另外一类是在句子中起到强化或加强作用的副词，如确实的、确定地等，以及在句子中合适、巧妙放置的重读部分，同样起到了强调的效果。“宣告”在下面这两个例子中可以得到非常充分的阐释：

①事实上，甚至也许没有一个指标，能用来衡量这些市场的投资结果，想想风险投资领域吧。

②事实上，一些顶级香料来自非洲东北部。

在这段文本中，“事实上”其实是作者声音对文本的公开干预，但这种强调或坚持实际上暗示了反对或抗拒作者观点和立场的其他声音和意见的存在，即某些对作者声音有疑问和提出挑战的压力是确实存在的。相应的，这一话语结构一方面承认当前交际语境的异质多样性，另一方面又把作者意见放到了其他所有不同意见的对立面。因此，任何试图挑战或反对这种作者观点的其他立场都会付出高昂的人际成本，所以该语篇的对话空间和其他观点提出的可能性都被大大压缩了。

另外，在图像中评价意义的表达和图片拍摄者或创作者之间的关系是隐藏的，即报道者只是将一幅图像展示给受众或读者，而通常不会表明自己对画面意义的看法，因为画面的意义，包括评价意义，通常是读者根据自己的背景知识、生活经历推导出来的。多模态报道配发的图片一般也会有相应的文字解释，但是这些文字说明也仅仅是说明图像的内容和背景，并不会说明报道者对这些图片的看法和介入方式。因此，图像在表达评价意义时，“介入”的过程非常隐蔽，读者很难发觉，以至于往往人们会认为图像评价意义的表达并没有报道者的“介入”。但其实，“介入”的过程主要体现在对所配发图片的选择、以及这些图片如何与文字部分的报道相互配合、相互融合的机制里面，因此是一种隐形的“介入”方式。

在多模态新闻报道中，配图相当于作者希望向读者展示他认为恰当的场景和正确立场，这相当于介入系统中的“背书”：作者将提出的命题诉诸外部的信息源，且作者认为这一特定的命题是正确、有效的，这样就在事实上排除了其他的立场和意见，相当于是一个收缩性多声的功能。即看似报道者提供的图像是对客观事实的再现，但是选择哪一幅图像发出来本身就受到了报道者立场、倾向、甚至是偏见的左右，是一种典型的排除其他意见的收缩性对话方式。如下面所示的报道：

在2018年8月6日的《中国日报》刊发了一篇题为《印尼中部地区发生7.0级地震，死亡人数上升至91人，受伤209人》的报道，其配发的图片（图3–2–1）展示了地震后的场景，并在图片下方写上了说明性的文字“2018年8月6日，在印度尼西亚西龙目岛的贡纳格萨里发生强烈地震后，人们从一座清真寺附近的一处受损房屋中找回了一辆摩托车。这张照片是由安塔拉福托拍摄的。”我们发现，这段说明性文字并没有表明报道者的介入方式，只是客观地说明了该照片所展示的场景。我们从倒塌的房屋可以发现比较明显的“鉴赏”意义——消极的“构成”——失衡的、不一致的、不规则的、不平均的、有瑕疵的。而那几个年轻人努力搬动摩托车，试图在废墟中挽回尽可能多的财物，以减少损失，表征了“判断”类的评价意义——积极的“韧性”——不知疲倦的、坚持不懈的。而这些评价意义其实是得到报道者肯定和背书的，否则作者不会选择这幅图像来作为新闻报道的配图，所以也是有“介入”过程的，但这一过程非常隐蔽，即报道者选择图片的过程就是“介入”的过程，属于收缩性多声中的“背书”，支持了新闻图片所传达的评价意义，在事实上排除了其他的立场和意见。

图 3-2-1 印尼地震后场景

第三节 极差系统

极差系统其实就是评价意义所展现出来的等级性。正如之前在介绍态度系统里面谈及过的，所有态度意义最重要的特性就是等级性。“情感”“判断”和“鉴赏”这几个子系统最基本的一个特性就是它们的评价值拥有不同程度的积极性和消极性。等级性也是“介入”系统的一个基本特征，主要表明说话者介入相关话语的深浅程度。

因此，“极差”意义其实是评价系统的核心。“态度”和“介入”系统可以被认为是“极差”值变化和波动的领域或范围，他们两者之间的差别其实就是被分了等级的不同性质的评价意义。“极差”系统可以被分为“聚焦”和“语势”两个子系统，即“极差”可以沿着两个不同的轴线进行范围和尺度的划分——根据强度和数量进行等级或程度划分的；还有一种是根据典型程度或是精确程度进行分级。根据典型度来进行定级的极差类型被称作“聚焦”；根据强度 / 数量来定级的极差类型被称为“语势”。

“聚焦”主要评价的是某一个体和这一类物体或现象的典型样本或原型的相似程度。“聚焦”主要有两个评价方向，一个是与原型的相似度高，另一个方向则是朝向这个类别的外围或边缘地带，即相似度低。前者我们可以用诸如真正的、真实的、纯正的这一类词来表达，如他是一个真正的朋友；后者可以用诸如有点像、类似于、近乎、近似、类……，这类词汇来表达，如我们大概五点钟的样子到那儿。

“语势”所涉及的评级对象拥有天生的可分级评估特性。比如说那些可以划分为积极和消极两大类的表示态度的评价范畴是天生可以分级的，因为它们大多可以用形容词或形容词词组来表示，如愤怒、很愤怒、非常愤怒、极其愤怒等等。还有那些用来评价尺寸、活力、程度、范围、相似度的一些范畴也天生就带有可分级属性。

一、聚焦

根据某个个体和其所属类别的典型特征之间的差距来进行的极差判断是“聚焦”，从经验的视角来看，这种类型的极差是不可分级的。它们一般来说是界限清晰，黑白分明的范畴。比如下面这个例子：

①他们演奏的不是真正的摇滚乐。

②他们演奏的音乐在某种程度上类似于摇滚乐。

从我们的经验来看，摇滚乐是一个定义清晰的音乐门类，有一系列的特征来定义它，比如说，根据一个普遍在使用的定义，摇滚乐涉及“音调高亢”“节奏强烈”和“富有动力感和冲击力”等特征。但在以上出现的例句中，摇滚乐的范畴被人际关系重新建构了，因为一些音乐表演被评估为典型的摇滚乐，而另一些则被评价为边缘的、近似摇滚乐的音乐类型。摇滚乐的成员属性已经不再是一个非此即彼、轮廓明晰的划分，而变成了一个在典型性程度上有所区别的概念。

“聚焦”其实有两个变化方向，一个是“向上升级”或者是叫“锐化”；另一个是“向下降级”或者是叫“钝化”。前者的例子有：一个真正的父亲，一个真正的朋友。这其实是表明该范畴的典型性和高度原型化。范畴值的“锐化”与以前学术界提出的“强化词”“提升词”和“放大词”有异曲同工的效果。“钝化”其实是把一个个体范畴归入某一个类别的边缘成员中，即并不具备该类别全部的典型特点，只是部分相似或大概相似。如下面的例子：他们在演奏类似摇滚乐的音乐、他们有点疯了、这有点儿像道歉。这在以前的文献和研究中，往往被称为“模糊语”。

“聚焦”不仅仅可以按照典型性来进行分类，也可以对那些本身就可以分级的概念进行典型性分类。比如说“一条非常红的地毯”和“一条正宗的红色地毯”，前者是依据强度来分级的，而后者则是依据典型性来进行的分级。类似的是，对那些天然就可分级的表示态度的范畴，如“难过”，除了可以用强度来进行“极差”的标识以外，如“稍微有点难过、非常难过”，我们还可以用“典型度”来对态度进行分级，如“我感到有点难过 / 我似乎是有难过的感觉”。在后面的那个例子中，“有点 / 似乎”建构了说话者的感觉，是在伤心，但是它仅仅位于难过这种典型情绪范围的边缘，也就是说话者的这种情绪并不是典型的伤心情绪，只是具有这种情绪的部分特征，因此是边缘化的，是非典型性的“伤心”情绪。

本身不表示态度的词汇被用于“聚焦”时，比如说像是爵士乐、音乐、丈夫、父亲这种词。有很大的可能是这种典型性程度的界定其实是带有态度和立场的。“锐化”通常表示了一种积极的态度评估，如一个真正的丈夫、一个真实的丈夫。而“钝化”则是表示了一种消极的评估意义，如类似摇滚乐的音乐、它提供了类似于避难所这样的东西。至于被定级的范畴究竟会引发积极的还是消极的态度，主要还是取决于这个范畴本身的语义，以及上下文或语境的影响、抑或是在文本的其他地方已经建立起来的整体的态度和评价氛围。

当某一个范畴根据典型性被分级的时候，它已经被烙上了明显的态度和立场，比如说，一个典型的小顽童、一个真正的奇迹、有点难过、有点疯狂、近乎不理性、有点神奇。但是它们产生的修辞效果主要取决于这种聚焦到底是“锐化”还是“钝化”。如果是“锐化”的话，如一个典型的小顽童、一个真正的英雄，所产生的效果是作者意图把所提出的价值观和立场进行最大的强化，从而和读者取得高度的一致，形成一种作者—读者联盟。

而当它们是“钝化”的时候，所产生的效果就取决于被聚焦的词语的具体含义。如果该词汇是消极的，那么作者主要是为了最大程度上淡化这种消极效果，以此来取得和读者的一致，因为读者往往是和该词汇所表达的立场持相反态度，作者做“钝化”处理是为了安抚读者。比如说：“近乎不理性”，作者没有直接陈述这一个现象或活动是不理性的，而是用了“近乎”来进行缓冲，因为他知道读者是不同意这种立场和观点的，为了能讨好和安抚读者，以便和他们结成联盟，作者用了这种缓和消极评价的手段来实现目的。如果该词汇是积极的，那么情况就比较复杂了，但是一般来说，这种积极的评价被认为会对读者和作者之间的关系形成潜在的破坏作用，所以才对它们产生的效果进行柔化。

我们可以发现，“聚焦”这个词，本身就是来自摄影和摄像用语，是关于图像成像方面的术语。那么，在拍摄图像或创作漫画的时候，聚焦和虚化的问题也是无法绕开的。如果图像中的评价元素被聚焦或前景化，那么评价的效果肯定会得到增强；反过来，如果评价元素被虚化或背景化，那么评价效果肯定会被弱化。这和语言文字中使用修饰词来进行钝化和锐化产生了异曲同工的效果，而且从某种程度上来说，图像中的“聚焦”或“虚化”效果要更加直观。

二、语势

“语势”主要是针对天生就可分级的那些属性和范畴。它也可以被分为两个子类：“强化”和“量化”，即从“强度”和“数量”这两个维度来进行考察。

（一）强化

“强化”主要用来衡量质量和过程的“强度”变化范围和尺度。对于“强度”的评估主要面向“质量”和“过程”。“质量”主要指向事物属性或行为方式，它的修饰对象主要是形容词和副词，例子有：稍微有点愚蠢、极其愚蠢、多少有点仓促地停止了、非常仓促地停止了；而“过程”主要指向动作或行为本身，它的修饰对象主要是动词，例子有：这对我们来说稍微有点阻碍、这对我们造成了极大的阻碍。“强化”也可以通过那些表示可能性、经常性、倾向性和义务的情态动词来传达，如下面的例子：“有点可能……”“非常有可能……”。

“量化”是对数量的评判，而量化主要应用于“实体”，不像“强化”那样，主要应用于“质量”和“过程”。“量化”主要是提供不精确的数量评估，如：几英里、很多英里。“量化”对“实体”的存在和集聚状态进行评估，诸如：大小、重量、分布或远近等参数，例如：少量、大量、附近的山脉、远处的山脉。

1. 孤立型强化

我们之前讨论过，对于质量和过程强度的评估称为“强化”。而“强化”在语义上面又可以分成两种：“孤立型”和“注入型”强化。前者主要是依靠一个孤立的、单个的范畴（或至少是主要依靠这个范畴）来实现对另一个命题在强度上向上或向下的评估，即为这个命题设定强度水平的高低。而“注入型”强化表示的是，这种强度的评估是通过一系列语义相关联的，但是表示不同强度的词中的一个来实现的，这个词汇需要从整个词汇序列来看待，才能进行“强度”的评估。

我们可以发现，在“孤立型”强化中，词汇本身就可以表达特定的“强度”，而不需要和其他词汇放在一起来进行语义上面的比较，才能确定具体的“强度”。举例来说：

（1）“质量”层面上强度的上升 / 下降

[形容词的前置修饰语]

有一点难过、在某种程度上是难过的、相对来说难过、比较难过、很难过、非常地难过、极其难过、绝对地难过

[副词的前置修饰语]

稍微有点儿冒犯、有那么一点儿冒犯、比较冒犯、相当地冒犯、异常地冒犯、非常地冒犯

（2）“过程”层面上强度的降级 / 升级

[修饰动词词组的副词]

这令我稍微有点受鼓舞、这让我有点受鼓舞、这让我在一定程度上受鼓舞、这让我非常受鼓舞

（3）情态词表征的强度降级 / 升级

仅仅是可能、有点可能、相当可能、非常可能、相当地频繁、很频繁、非常地频繁、极其频繁

其中，更为精细的，区分度更高的那种相对而言的强度变化，主要是通过形容词的比较级或最高级实现的，比如说：

较为不难过、最不难过、更加难过、最难过、更加有可能、最有可能、更高兴、最高兴

在“强化”范围的最顶端，极差值被称为“最大值”，这样的表述把“强度”的最顶端，即可能的最大强度或最大值形象地建构了起来。在“强度”谱系的最顶端，有一系列的选项可以用来表示最大值或最高强度。如下面的例子：

全然地难过、完全地难过、彻底地难过、绝对地难过、截然地难过、百分之百地难过

这里的“最大值”还包括用于评估情态意义中表示最高频率的“总是”这个词，但是在“强化”中，它已经不光是表达字面的那种持久性和不间断的重复性，而是更侧重表达作者对自己所表述的立场的一种最大化的投入和支持。如下面的例子：

我们将永远记住他的慷慨好客。

她提出女性在持续的压力之下要异常苗条。

上面论及的在这一类强化词，如：轻微的、非常、很……属于典型的“语法”项目，因为它们是封闭词类，而且没有具体的指代含义。但是强化也可以通过孤立的修饰词来执行，它们更加的“词汇化”，而不是“语法化”，即这些强化词汇本身还具有特定的含义，因此会丰富整个词组的内涵。而且，这些词汇或短语通常还在某种程度上带有比喻义。如以下的例子所示：

冰冷

完全透明、晶莹剔透

赤贫的

或者它们会包含一种表达态度的言外之意：

适度的悲伤

相当悲伤，异常地悲伤，极其悲伤

极其寒冷

轻而易举

但也应该注意到，当这一类的词汇化的前置修饰语表达“强化”的时候，它们与所修饰的对象通常存在着一种固定的程式化关联，即该修饰词在这个习惯表达结构中，已经失去了部分的固有语义，它们的语义是不完整的。因为在这些固定搭配中，它们之间是互相依靠和依存的，缺了其中任何一个都无法再现固定搭配的固有含义。如以下的例子：deliriously sad 表示异常地悲伤，但 delirious 在语义上是消极的，表示语无伦次、神志不清，是对能力的一种消极判断。但在这个组合中，deliriously 只表达悲伤的程度，比 perfectly sad 极其悲伤，要稍微低一点。

2. 注入型强化

“注入型强化”主要指的是这种极差或程度的表征不是通过独立的词汇加上一些表示程度的副词来实现的；而是通过一系列意义互相关联的，但是在意义强度或程度上有细微区别的词汇来实现的。要定位评价的强度，我们可以选择特定词汇序列中的一个，而极差意义的表达就取决于这个词在该序列中的位置。马丁和怀特还把“注入型强化”分成了三个子类，它们分别是“品质”“过程”和“情态”。

①从“品质”角度进行“注入型强化”主要描述性质、品质和状态，而这些词汇序列主要由形容词和副词担当，如下面的例子所示：

满意的，开心的，充满快乐的

她称职地进行表演，她精妙地进行表演，她才华横溢地进行表演

暖和、热、炙热、滚烫

②从“过程”角度进行“注入型强化”主要表征动作或行为，而这些词汇序列主要由动词或动词词组担当，如下面的例子所示：

这让他担忧，这让他有点吃惊，这让他感到害怕，这个令他感到恐惧

水从龙头滴出来，水从龙头流出来，水从龙头喷出，水从龙头倾泻而出

价格一点一点往上涨，价格上涨，价格飙升

他在缓缓漫步，他在行走，他在大步向前

我概览了一下手稿，我翻阅了手稿，我详细阅读了手稿

云朵在空中拂过，云朵在空中快速掠过

③“情态”类的“注入型强化”主要是通过一系列意义连续的，且情态值从弱到强的词汇来表征极差意义的，如下面的例子所示：

可能的，很有可能的，肯定的

罕见的，偶尔的，有时候，经常，总是

因此，我们可以看出，强度是通过个别的词汇在一个语义相关联的词汇群中的排列次序所决定的，因为该词汇和位于同一序列的其他词汇间形成了一个强度的对比。

3. 重复性强化

强化也可以通过重复来实现——可以通过重复同一个特定的词汇来实现，如下面的例子所示：

①天气真是热、热、热。

②我们笑啊、笑啊、笑啊。

也可以通过聚集一连串语义联想的词汇来实现，如下面的例子所示：

事实上，这可能是英国首相有史以来最不成熟、最不负责任、最可耻、最具误导性的讲话。

（二）量化

“量化”主要涉及数量的分级（如：尺寸、重量、强度、数目等），量化还涉及范围，时间和空间的覆盖范围（如：分布的范围有多广泛，持续的时间有多久等），以及时间和空间的接近性（如：距离上有多近，时间上有多近）。

这一类极差含义比较复杂的地方还在于被量化的实体既可以是具体的东西，如大鲨鱼、很多鲨鱼、附近的鲨鱼；也可以是抽象的内容，如一个大问题、很多问题、一些焦虑、少许的害怕、巨大的成功、她的很多次的背叛。通常来说，这些抽象的实体会传达态度意义，如下面的例句所示：

①（情感）我对你的表现多有担忧。/ 一种巨大的解脱感占据了我。/ 我对她的设计感有一点小小的担忧。

②（判断）这个政府存在着巨大的腐败。/ 他的一个小的道德缺陷是……/ 他有很好的演奏吉他的天赋。/ 我似乎有一个小的天赋——可以向各个年龄段的人解释事情。

③（鉴赏）尼罗河流域的许多美景。/ 你的论文有一个小问题。/ 你的论文有一些问题。

“量化”的表达形式可以理解为是其所修饰实体的“数值”，但是这个抽象化的值也可以被改写成对品质或过程的“强化”。这表明，在很多情况下，“强化”和“量化”并没有本质上的不同，它们之间可以相互转化，如下面的例子所示：

量化的实体→强化的过程 / 品质

些许担忧 →稍微有点担忧

一个巨大的成功→非常的成功

她的很多背叛→频繁的背叛

马丁和怀特把“量化”进一步细分为“数量”“规模”和“范围”三个子类，所依据的是“量化”所考查的三个不同的维度。“数量”主要指的是实体的多少，如一些、很多、大量等；“规模”主要修饰的是实体的大小，如大、小、轻、重、厚、薄、明、暗等参数；“范围”主要指的是以时空来衡量的远近，如远的、近的、古老的、最新的，以及实体在时空上的分布情况，如持久的、短期的、广泛分布的、稀疏的。

另一方面，图像在强化和量化所传达的评价意义方面，其实现方式和语言文字有很大的差异，因为文字报道主要是通过“语势”来表达的，从该术语的名称来看，也是典型的文字表达形式。相对来说，图像在强化或弱化评价意义时，通常是通过视觉元素的选择、视觉元素的不同组合、不同种类视觉元素的数量增减、整体的构图布局、甚至是颜色的变化来实现的，这里其实涉及视觉语法的运用，我们在前一部分的讨论中已经详细展开过。

第四章　多模态语篇的意义生成机制

多模态语篇分析的一个核心议题就是不同模态或符号体系之间如何协同一致来形成整体意义以传达作者的意图，表达其态度、立场和观点。我们认为虽然探索各个模态或者是媒体的表意模式非常重要，即弄清楚各种不同的媒介符号系统或模态是如何传达意义的，它们特有的语法规则如何，这些都是至关重要的。比如说图像的布局、颜色的运用是如何表达潜在的含义的，不同的语音语调也可以有言外之意，而这些不同的符号系统的表意模式或者说是语法系统是有着自己特有的运行规律的。解释不同模态的表意规律是我们进行多模态语篇意义研究的基础工作。但是如果想要弄清楚多模态语篇是如何表达意义的，我们就必须先揭示出各种模态或符号系统之间是如何协同运作来进行意义表达的，这其实比弄清单个模态的表意模式更为复杂，因为每一个多模态语篇都会涉及两个或多个模态，他们之间会产生微妙的相互作用，这是一个精密复杂得多的符号表意系统。因此，弄清楚多模态语篇的复合表意模式是具有很大难度和挑战性的，比揭示单一模态的表意模型更为重要。以下的讨论就主要涉及这一方面，力求探索出一个相对比较合理的多种符号协同建构意义的模式。

第一节　多模态语篇的结构

马丁基于系统功能语言学的理论框架提出了多模态语篇是一个由五个层面构成的系统。这是因为虽然哈利迪提出的系统功能语言学只针对语言文字，而多模态语篇的研究对象已经扩大了研究范围，但却可以基本上不用修改地适应于该研究领域。这五个层面的系统是：

①文化层面。主要指的是语言运用的宏观环境，即作为文化的主要存在形式的意识形态以及语篇的体裁，因为体裁是语篇模式变化或选择的范围潜势，语篇模式或体裁的选择需要适应不同的意识形态或者说是适应不同的文化。

②语境层面。如果说文化或者意识形态是我们进行语篇模式风格选择的宏

观依据的话，那么上下文或语篇的即时语境就是决定语篇样式的微观依据。我们这里讨论的语境主要包括语篇范围、语篇基调和语篇的组成方式等要素。

③意义层面。无论是语言文字，抑或是声音、图像、视频组成的多模态语篇，它们都可以表达三种基本的意义——概念含义、人际意义，以及语篇意义，这其实就源自系统功能语言学提出的语言的三大元功能。

④形式层面。这指的主要就是实现意义可以由不同的符号形式来进行。如语言文字有词汇和语法系统；视觉性的表达符号，如图片、图像、视频等有视觉语法系统；听觉型的表达符号，如声调、语调、语气、背景音等有听觉语法系统；触觉性的表意形体有触觉语法体系等。这些形态各异的符号表征系统是多模态语篇的实现形式。

⑤媒体层面。这是多模态语篇在物质世界的承载媒介或表征形式。这主要包括语言和非语言两大类。语言主要包括纯语言和伴随性语言；而非语言包括身体性的和非身体性的两类表达形式。身体性的表达形式有手势、表情和其他肢体动作等；而非身体性的表达形式主要是指工具性的意义传达模式，如音响、屏幕、投影、演示文稿、网页、论坛等。

第二节　多模态语篇的媒体类型

为了更好地对多模态语篇进行理解和分析，在语篇或语篇的呈现或展示媒介方面，我们也可以进行非常细致地分类。多模态语篇主要可以分为“语言媒体”和“非语言媒体”，前者传统的研究涉及较多，而后者则是现在符号学研究的热点。

一、语言媒体

语言可以分为“纯语言”和“伴语言”两个大类。

“纯语言”主要指的就是语音说话和文字。传统的语言学研究范围主要是语言文字，即以声波为载体的语音和用墨汁或印刷机印制出来的纸张上的文字。但是随着信息技术的发展，语言文字的载体大大丰富了，如手机、电脑、平板设备的扬声器都能输出语音；电视、电脑屏幕、投影仪等都能输出文字。

“伴语言”指的是对语言的表达的辅助、补充或功能强化类的语言表达手段，但是又无法独立存在，只能依附于纯文字而存在的意义表达形态。举例来说，在语音说话方面，人们说话的音量、嗓门、音调高低、说话的语速（缓急快慢）、说话的语气等虽然不能独立表达意义，但如果附加在某句话的陈述上，就会添加一定的意义，造成表达效果的不同。有时候甚至会对语篇意义起到至关重要的作用。另一方面，在文字的展现方式来说，人们也可以用文字的不同字体、粗细、下划线、颜色、空间布局，甚至是异形文字或艺术字这样的形式对该词组、句子或段落所表达的含义进行调整。

二、非语言媒体

在人们的交际行为中，并不是所有的意义表达都是通过说话声音和文字来传达的，有相当一部分的意义表述是通过非语言媒体实现的。非语言媒体主要包括交际者的身体动作所产生的“肢体语言”，还可以利用环境和工具等“非肢体语言”来表达意义。

“肢体语言”主要包括面部表情和其他身体动作。首先，身体语言中，面部表情能够传达的意义最为丰富，如眼睛、眉毛、嘴巴、面部的各种动作，以及所有这些的组合，几乎可以实现无数的面部表情组合，表达丰富的含义，如欣喜若狂、惊讶不已、伤心难过、凝重深沉、嫉妒羡慕等。有的时候，说话或写字难以表述的内容，通过一个会心的微笑就可以把细致入微的情感或含义传达给对方，所以中文中有一句谚语“此处无声胜有声”，说明面部表情有着特有的表达优势。

其次，身体各个部位的移动或扭曲摆成的特定姿势或仪态也可以传达丰富的意义。如头部的动作，点头、摇头、仰头、低头等；肩膀的姿势和动作，如耸肩表示无奈；手臂的动作所能表达的意思非常丰富，如摆手、招手、挥手告别、挥手致意等等；腿脚的不同摆放形态，如立并、踢跳等同样可以表达各不相同的含义。

最后，躯干整体的姿态和动作，如姿势、摇摆、移动和模拟等。

“非肢体语言”是另一个大类的交际媒体，可以分为“工具”和“环境”两类。“工具”指的是人们在表达或传递信号的时候，运用各种的工具来实现，如交通信号灯、斑马线等能传递重要的交通信号，在人们展示 PPT 的时候，利用激光笔来指引自己讲述的相关内容，这些都是人们利用身体外的工具来传递信息的例子。“环境”指的是就地取材，在交际的过程中，充分运用环境中的因素来配合自己的表达，从而体现细微的意义差别，如在炎热的天气要求对方开空调和在寒冷的天气要求开空调就有不同的含义，虽然口头表达都是那句话:“请开空调，谢谢”，但开空调的效果却是“制冷”和“制热”这两种截然不同的类型。

第三节 模态间的关系类型

我们可以仔细地思考一个问题——人们在交际的时候，为什么会同时使用多种模态来表达自己的想法、观点和立场。这种倾向在现代社会越来越明显，特别是随着媒体技术的日新月异，传统的纯文本的书籍、杂志和报纸越来越显得单调，配有插图、动画甚至视频的网页新闻和电子期刊则更受到大众的欢迎和推崇。这当然有可能是为了交际形式更加丰富，更加充满乐趣，是一种心理因素和自然表现。但更为合理的解释是人们往往很难用一种单一模态充分表达自己，从而需要借助其他模态来丰富自己的表达，让别人更好地理解，取得更佳的交际效果。这从我们的传统表述“只可意会，不可言传”就可见一斑。这说明人们历来就知道文字的表达能力和效果有限，而到了现代社会，借助先进的多媒体和传播技术，多模态表意的模式越来越盛行起来。因此，多种模态并用的语篇形式很有可能是因为多种符号系统之间有着互补的关系。

一、互补关系

利姆在研究图像与语言形成的多模态语篇时提供了一个框架：图像和语言作为交际模态共有意识形态、体裁、语域和语篇意义四个层面。张德禄根据哈利迪的系统功能语言学理论和利姆的研究成果，提出了多模态语篇分析综合理论框架，论述了多模态语篇各种不同符号系统之间的相互关系和复合模式。典型的多模态语篇形式是由于一种模态或符号系统无法完整表达作者的意图而采用另外一种或几种模态来进行补充的语篇形式。这种模态之间的关系称为“互补关系”，而其他则属于“非互补关系”。互补关系还可以进一步区分为“强化关系”和“非强化关系”。

（一）强化关系

“强化关系”指的是以一种模态为主，其他模态为辅的符际关系，即一种模态可以基本完整地表达作者的意图，但是另外一种或几种模态可以强化这种表意功能，如在以文本为主的新闻报道中，文字是主要的交际模态，而图片则是辅助的表意系统。在日常交际场景中，人们之间的口头表达是主要的交际形式，但在同时也会用到手势、表情等辅助表达手段，而这正是对口头交际的一种“强化”。而在其他的情况下，语言可能会作为辅助手段来对其他的符号形式起到强化作用，如在舞蹈、体育活动中，身体的动作和移动成了信息和表达的主要载体。“强化关系”还可以进一步细分为“突出”“主次”和“扩充”

这三种情况。

“突出”指的是一种或几种辅助模态可以突出首要的表达模态，如电影和话剧中的背景、布景、背景音乐都是背景化的，而人物或演员的动作、语言和表演都是前景化的，即背景突出了位于台前的演员的语言和动作，使之得到了强化，这就是一种典型的“突出”关系。

“主次”主要是指有的模态起到了主要的表意作用，而另外一些模态则担负次要的表意功能，如教师在授课的时候，他的语言是主要表达模态，而他的手势和表情就是次要表意模态，对该教师的语言解说起到了“强化”的作用，这就是“主次”关系的一个典型案例。

“扩充”指的是某一种或几种模态是对起主导作用的模态的一种意义扩展或延伸。比如说在播放一则关于大气污染的电视新闻的时候，新闻报道中不光出现了当前糟糕空气状态的画面，还出现了空气状况优良情况下的画面，或者还出现了以前空气状况受到污染时的画面，这其实是对当前语言模态所表达意义的一种扩充，以此来增强表达效果。我们通过对比观察同一区域空气好和空气差的情况，产生强烈的反差，来说服大众进行空气治理的重要性，从而增强该报道的语言表达效果。通过对比今年和前几年同一区域空气的不同污染情况，让受众了解到空气质量持续改善的效果，那么对于肯定治霾效果的语音报道也是一种“扩充”的作用。

（二）非强化关系

“非强化关系”表示两种或多种模态缺一不可，任何一种模态都无法单独表达完整的意义，只能共同作用来完成意义的构建，如在电视新闻报道中，图像和声音就必须相互协同才能产生完整的意义。非强化关系也可以进一步细分为三个子类：“协调”“联合”与“交叉”。

“协调”指的是不同的模态共同作用，表达一个完整的意义，缺一不可。比如我们在上文中讨论过，在电视、电影中，视觉图像和声音共同组成一个表意的复合模态，缺少了任何一方，意义就会不完整。与“协调”相似，却又有着细微区别的是“联合”，它指的是在同一种交际模态中，不同类型的表现形式协同表达意义，也是缺一不可的，如在一些纪录片中，背景声音和解说语篇共同作用产生意义，缺一不可。在这一类场景中，不同媒介产生的声音模态“联合”产生意义。在“协调”关系中，不同模态表达的意义在某种程度上是互相印证和交叠的，如电视节目中的语音和画面；但在“联合”关系中，不同模态表达的意义是相互独立的，不会互相重叠，如纪录片中的背景声音和解说语篇。

第三种“非强化关系”子类是“交叉”，它主要指的是两种以上的模态交叉出现，互为补充，交织成一个完整的意义表达形式。比如，在菜品烹饪节目中，主持人演示如何制备菜品与他的解说交替出现，共同组成一个完整的意义，就属于“交叉”的多模态表意模型。

二、非互补关系

“非互补关系”指的是多模态语篇中的一种模态对意义构建并没有实质性的贡献，只是作为一种附加模态的形式出现，即其中的一种或多种模态并不是不可或缺的，它/它们确实对于整体的意义构建或完整性影响不大。“这种关系一般体现为以下几种形式：交叠、内包和语境交互。”

（一）交叠

“交叠”现象是两种模态同时出现，但它们并没有互相强化，而只是通过两种不同的符号系统表达一致的信息。“交叠”还可以进一步细分为：“冗余”“抵消”和“排斥”三种情况。

“冗余”其实是一种比较普遍存在的多模态语篇配置现象。如在播放外国电视剧或好莱坞电影的时候，如果是原声处理的话，往往会在画面中配上中英文字幕，甚至是在很多国产电视剧或电影中，也会配上中文字幕。这些字幕所提供的信息其实是和电影或电视剧中的人物对白相重合的，文字和语音这两种模态并没有产生强化的关系。这显然是一种信息冗余的现象，影视产品发行人考虑到国内受众听不懂英语，或者是在看本国影视作品时，让大众理解起来更为方便，更容易看懂或听懂。但是，显然信息的总量并没有增加。

虽然“冗余”的这种多模态现象并不产生新的信息，但至少让信息更为清晰明了，变得更好理解，是一种正向的贡献。但是在“抵消”和“排斥”的多模态交际过程中，多种模态所产生的信息或表达的意义对整体意义来说，则是一种负面的影响，会让所欲传达的信息模糊，难以理解。

“抵消”其实就是多种模态所表达的意义会互相削弱，从而降低整体的表意效果。如我们在阅读的时候，如果房间里面其他人在看电视、打牌或大声谈话，会干扰我们的阅读行为，从书中的文字模态获取信息的难度会增加，多模态的表意效果则会随之削弱。

“排斥”则是两种模态会产生强烈干扰的情况，以至于它们无法共存，如当你在讲课时，有人的电话铃声突然响起或户外传来震耳欲聋的鞭炮声，导致你根本无法继续教学过程，表明这两种交际模态是互相排斥的。

（二）内包

“内包”是一种模态所表达的意义包括了另一种或几种模态所表达的意义总和，它们之间是整体与部分或者抽象与具体的关系。也就是说，多种不同的模态或者同一种模态的不同表现形式所传达的意义并没有增加，而只是对其中一种表达形式的具体化或拆分说明，因此总的信息量并没有增加。

这样来看，“内包”也可以进一步被细分为两个子类——整体与部分式“内包”、抽象与具体式“内包”。整体与部分式“内包”主要指的是，其他模态提供的信息只是部分信息，而没有附加额外的内容。比如当我们在讨论语音的时候，播放老人、小孩、年轻人和婴儿的不同发音或说话方式；在讲解汽车结构图的时候，出现了车轮、方向盘、发动机、变速箱等图片。抽象与具体式“内包”与之类似，比如在讨论“开心”这种抽象情感时，展示人们欢笑的图片和声音；在讲述“恐惧”情绪的时候，播放人们尖叫和战栗的视频。虽然第二种模态或符号形式并没有增加信息量，但会让第一种模态提供的内容显得更为生动具体，让人们更好地理解。

（三）语境交互

“语境交互”指的是模态与语境之间的关系，可以分为“独立语境”和“语境依赖”两种。如果多模态话语和参与者所处的环境并无直接联系，那么这种语境就是“独立语境”；如果话语和环境之间是相关的，那么话语的表达就会对环境产生依赖性，语境对话语的表达会产生支撑作用，这被称为“语境依赖”。

假如我们现在所处的室外环境在下雨，参与者此时正在与同事聊天，如果他们正在聊的是公司的销售计划或经营策略，那么室外大雨的环境对话语并没有太大的影响，应该属于“独立语境”，即同事之间的话语依然是单模态的。而如果他们此时正在聊着中午去哪儿吃饭，或下班后搭乘何种交通工具回家，话语中都会把下雨这个环境因素考虑在内。甚至他们就在议论当前下雨的话题，那室外的天气肯定会实时影响他们的谈话，他们的对话因此也就成了典型的多模态话语，话语的意义在很大程度上是由情景来体现的，那么它就属于“语境依赖”的例子。我们可以从图 4-3-1 中清晰地观察多模态语篇各个不同符号模态之间的关系。

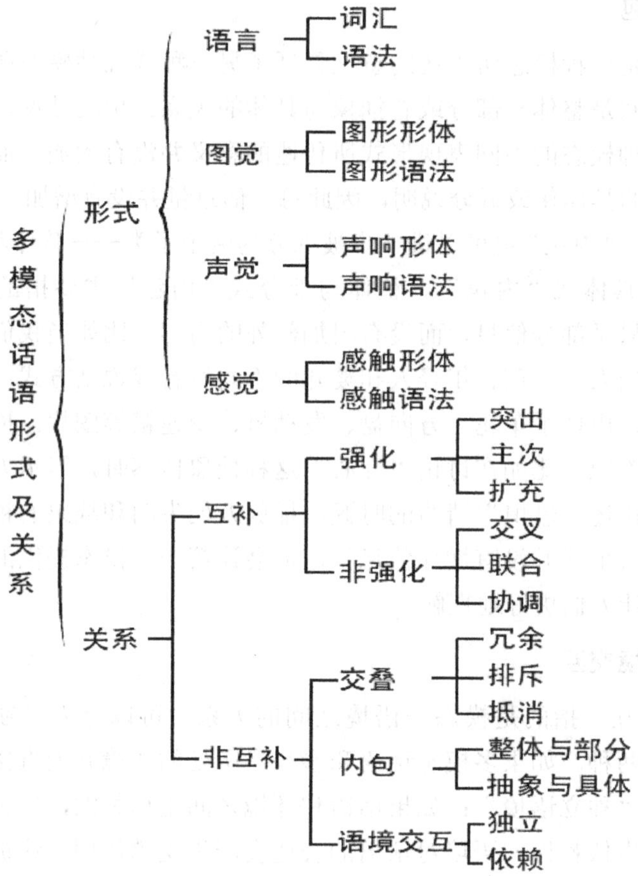

图 4-3-1　多模态语篇形式及其相互关系

第四节　多模态语篇综合分析框架

多模态语篇分析的理论框架可以借鉴系统功能语言学的现成分析模型，因为在文化、意识形态和交际等各个层面，语言和其他模态都可以被认为是社会文化历史背景下的符号体系中的不同成员。从本质上来说，它们表达的总范畴是一致的，只是表达的形式各有千秋。因此，在语言分析中被验证过的系统功能语言学理论，也可以被用在多模态语篇的分析中。

这个分析框架主要可以分为四个层面“文化层面”“语境层面”“内容层面”和“表达层面”。首先，“文化层面”其实是宏观层面上的语境，可以理解为一切语篇产生和被理解的历史文化背景。“文化层面”是一切交际包括多模态交际成为可能的底层支撑体系。因为所有的话语和语篇只有在特定的历史和社会环境中才会产生意义，这种背景主要包括社会文化、传统、意识形态、观念、历史记忆等被全社会所共享的文化基因。如果这种背景缺失的话，语篇的微观语境，即情景语境就没了解释力，因为情景语境是根植于宏观社会历史环境的。具体来说“文化层面”的因素包括特定社会成员的思维模式、价值观、世界观、生活习惯、社会规则（无论是显性的还是潜在的）、法律、道德体系、艺术文学等等构成的特定意识形态。从语篇层面上来说，那就是实现这种意识形态的交际模式，或者用系统功能语言学的术语来说——意义选择潜势，这被称之为“体裁”。

其次，我们需要讨论具体的或者是微观的交际语境，即“语境层面”的语境。在具体的交际过程中，直接的影响因素就是“情景语境”，即在特定的时间、地点、位置、特定交际对象等元素构成的语篇发生时的实时小环境，这其实是直接决定语篇的表达内容、表达方式和理解程度的决定性因素。“文化语境”虽然决定了“情景语境”的存在，但却只是间接地决定着交际过程，而“情景语境”对于交际的影响却是最为直接的。“情景语境”主要包括三个要素：话语范围、话语基调和话语方式。

再次，话语的“内容层面”主要涉及“话语意义”以及“话语形式和关系”两大类的范畴。“话语意义”指的就是话语具体所能表达的意义。系统功能语言学认为话语可以实现三大元功能——概念意义、人际意义和语篇意义，多模态语篇也属于话语的一类，自然也可以套用该理论。而“话语形式和关系”主要指多模态语篇主要存在哪些符号模态，它们各自的表达特征是什么，主要涉及的模态有语言文字、图像、音频、视频、肢体语言、触觉等；另一方面，这些模态之间是如何进行互动，协同一致地表达语篇含义的，就涉及不同符号模态间的相互“关系”问题。这在上一节的讨论中已经进行了详细分析，即模态间的关系主要分为“互补”和“非互补”两个大类。

最后，“表达层面”就是语篇或语篇具体是用何种形式呈现出来的，我们主要研究各种“表达形式”在呈现意义时候的特点和规律，即它们的语法规则，如文字和语言有语法规则，而图像有视觉语法、音频表达形式有听觉语法、肢体语言还有触觉语法和肢体语法等。这些不同种类的表达形态组合起来就形成了多模态语篇表达形式。视觉或听觉语法等虽然也有规律可循，但是相较文字语法而言，还是显得主观，在理解起来不是很具有确定性，因此给多符号表达模式的研究带来了困难。而这还不是多模态语篇研究最困难的地方，最为棘手的问题其实是多种模态协调一致，共同形成合力来表达意义，这种深层的潜在的复合表意机制是我们要着力解决的难点。可以通过图 4-4-1 直观生动地了解多模态语篇综合分析框架的组成要素和基础结构。

这种模态间的关系理论同样适用于图文互动的复合评价模式，因为多模态语篇的评价意义也是其表达的整体意义的一个重要组成部分。图文互动的评价模式可以分成两种情况：①文字和图片表达的评价意义不尽相同，但是两者之间存在着互相支持和印证的关系，以增强新闻语篇的整体劝服能力；②文字和图片的评价意义相近，两者之间存在强化关系。

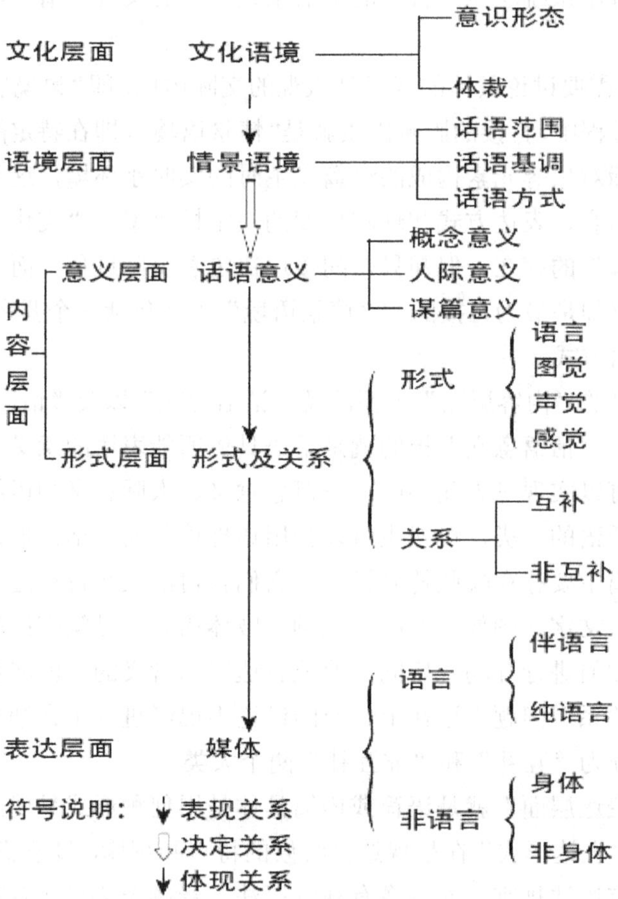

图 4-4-1　多模态语篇分析综合框架

第五章　多模态新闻语篇语料分析

为了验证多模态新闻语篇图文互动分析框架的实际效果，我们运用该模型对比分析了中西方媒体对一系列恐怖袭击事件的相关报道。选取了具有代表性和权威性的媒体——华盛顿邮报、英国广播公司、经济学人、纽约时报、新华网、环球时报等作为新闻报道的取样来源。为了便于新闻图片的分析和采集，在这些媒体的网站上进行了多模态新闻语料的选取。

第一节　多模态新闻语篇图片评价模式

新闻图片，特别是照片更加容易获得受众的信任，因为它们被认为是对事件、人物、环境的真实写照，不易受到报道者主观因素的影响。但新闻图片乃至于照片也是一种表意符号，其表达方式也受到报道者的主观控制。照片如何取景，从哪个角度拍摄，光线的明暗调节，框选的内容，再现的方式都带有主观因素，可以透露出作者的态度、情感和观点。因此，图片也具有评价功能，但具有较强的隐蔽性，比文字模态更有说服力。

一、新闻图片的意义

克雷斯和范勒文认为图像也像语言一样，能同时实现三种元功能。再现意义对应概念功能；互动意义对应人际功能；构图意义对应语篇功能。我们可以通过系统分析图像的这三种元功能来揭示其向读者或受众传达的意义。

2015 年 11 月 13 日晚，在法国巴黎发生一系列恐怖袭击事件，事件一共造成至少 132 人死亡。本书试图分析西方主流媒体是如何运用多模态语篇，特别是其中的新闻图片来对该恐怖袭击事件作出评价的。《华盛顿邮报》是一份严肃和具有影响力的报纸，能够代表当今西方主流媒体，我们选取了该报 11 月 13 日至 18 日关于巴黎恐袭的 10 篇配图报道进行分析，我们发现这些新闻图片大致可以分为两类：一类对受袭遇难者的悼念；另一类对恐怖分子进行描绘。

我们选择这两篇报道进行分析。

图 5-1-1　巴黎遭到暴恐袭击后，市民相拥哭泣

第一篇：《法国警察突袭巴黎北部后，两名恐怖分子嫌疑人死亡》（11 月 18 日）的报道中的插图是两个巴黎市民在街头相拥哭泣的情景（图 5-1-1），表达人们对恐袭造成的伤亡表示伤心和痛苦。第二篇 11 月 16 日报道的配图则是 ISIS 公布的威胁袭击美国的视频截图，全副武装的极端组织威胁向美国发出类似于巴黎的袭击。

我们可以通过对比分析两篇报道中的不同配图来揭示出西方媒体在报道巴黎恐怖袭击时所传达的评价意义。首先，我们需要运用视觉语法揭示图片的内涵。从再现意义来看，图 5-1-1 中表达的叙事过程是遇难者家属相拥哭泣，这种拥抱构成了这个叙事过程的矢量，而这两个再现参与者并没有与读者——互动参与者形成交流。其中的背景是街道、建筑物和行人，表明恐袭之后的社会和生活秩序已经恢复，但是很多人还沉浸在丧失亲人的痛苦中。哭泣构成了一种“象征属性”，即这种行为可以代表人们对恐袭造成损失的悲痛和伤心之情。11 月 16 日报道配图中恐怖分子正在向画面外的互动参与者——受众提出要求或发出威胁。这个叙事过程的矢量是恐怖分子的视线和位于画面正中的暴徒头领的手势。军车、枪械和他们身后的极端组织的旗帜就是这幅图像的背景，表明他们是一个有纪律、有明确纲领的强势武装组织。这些物品本身也是一种“象征属性”，代表着暴力和残忍。

其次，在图像的互动意义方面，我们注意到图 5-1-1 只显示了主人公肩部以上的部位，表明一种非常近的社会距离，表达了作者对再现参与者的同情，并且能让读者融入其中，感同身受。从“接触”的层面来看，再现参与者并没有和读者直接进行眼神交流，表明图片是一种“提供”的关系，向受众描述这样的一个事实。在视觉交流中“态度”主要是通过视角来表达的，在这幅图片中作者运用了平视视角来捕捉该场景，从而可以给读者提供很强的代入感，对遇难者给予同情和支持，强调大众应该倾听他们的苦难和控诉。在 11 月 16 日报道配图中，我们可以明确地发现一个“索取”的“图像行为”，即恐怖分子的视线是对准受众的，头目的手势也是指向读者的，威胁受众答应他们的要求。该图片中的人物都显示了全身像，显然是疏远的社会距离，表达了作者对他们的疏远和厌恶。图像的拍摄视角可以理解为略为仰视，因为虽然前面一排武装分子基本是平视视角，但是后面坐在皮卡上的极端分子明显是高高在上的，从而让整个图片的视角中心上移，变成了仰视。这突出了恐怖分子的强势和无辜民众的孤立和脆弱。由于受众往往持续关注这一事件的报道，所以这些连续的报道会让读者对恐袭事件的认知不断充实和完善，这两类图片可以构成一种鲜明的对比，强调暴徒对民众构成伤害的能力和严重后果。

最后，从构图意义来看，图 5–1–1 在“信息值”的安排上是一个明显的左右布局，左边是背景，右边是参与者。显然背景是已知信息，右边是需要凸显的新信息，是作者想要着重表达的。这也得到了“显著性”布局的呼应，因为参与者是描述的焦点，而作者对背景进行了虚化处理。11 月 16 日报道配图在“信息值”的安排上是一个中置布局，把恐怖分子的头目放在中央，其他恐怖分子围绕他，为他的威胁提供武力支持。在“显著性”布局方面，极端分子的排列有序，层次感很强，虽然突出了前排的参与者，但是没有任何元素是虚化的，因为在创作者看来，这些元素是一个整体，前后排的恐怖分子和后面的旗帜都是重要的信息点。

二、新闻图片的评价机制

我们已经利用视觉语法分析了这两张图片所表达的含义，其实这种写实的图片也是能够表达评价功能的，只是这种评价并不是一目了然的，需要我们揭示出来的。马丁和怀特的评价理论给我们提供了一个非常好的揭示语篇评价意义的工具和视角。评价理论原本是用于分析显性的词汇资源的，运用到图片的分析中势必要经过一些调整。但他们分析文本评价资源时所使用的框架、视角和分类标准等都可以借鉴过来用于图片评价意义的分析。

评价理论主要关注语篇中所表现出来的各种态度、倾向或观点。马丁和怀特把语篇的评价意义分为三个子系统：态度、介入和级差，它们又可以被分别次系统化。态度系统是评价理论的核心部分，它主要指说话者对人的品行、事件或现象等所作的主观判断和评注。介入系统主要指态度的来源或表达方式，如直接引语和间接引语。级差系统对态度进行修饰和限定，主要关于评价的强弱或典型性，如喜好或厌恶的程度。我们主要运用评价系统的核心部分——态度子系统来对新闻图片进行分析。态度系统可进一步细分为情感、判断和鉴赏三个子系统。

“情感”是评价者对被评价者的情绪反应，主要涉及主观心理感受，如快乐、恐惧、悲伤等。情感意义可以分为反应型和欲望型。“当过程属反应型时，它是现实型的，而当过程属欲望型时，它是非现实型的。”“现实型”的情感主要关注当下，如快乐 / 悲伤、安全 / 不安全等；而“非现实型”的情感主要针对将来，如恐惧和欲望等。

“判断”是根据各种不同的标准来评价人的行为，根据一定的评价标准对被评价者的道德品行作出的价值评判，如强大、愚蠢、聪明等。判断所涉及的范畴相当广泛，涵盖了社会、道德、法律等层面的价值判断。判断可以分为两个方面：社会评判和社会约束。“社会评判”与人的行为规范、才干、韧性等相关；“社会约束”则与为人是否真实、诚信，行为是否正当合法有关，主要涉及法律和道德层面的评价。

“鉴赏”主要是指对外部事物和过程进行的评价，包括抽象和自然事物、事件、甚至语篇本身。马丁和怀特把它分为三个次系统：反应、构成和价值。“反应”评价主要涉及过程的影响或质量。“构成”针对语篇结构的复杂性或细节进行评价。“价值”根据事件的社会价值对过程进行评价。

在探讨了这两张图片的内涵之后，我们可以运用评价理论揭示它们潜在的评价意义。首先，从情感层面来分析，我们可以发现，图 5-1-1 主要表达了消极的现实型情感——非快乐和非安全；而 11 月 16 日报道配图突出了消极的非现实性情感——恐惧。这表明报道者既对恐袭造成的伤亡感到伤心和难过，又对恐怖分子构成的潜在威胁感到恐惧。图 5-1-1 的取景采用了“近距离”拍摄的方式，表达了创作者的积极情感，即对受袭者的同情和支持。11 月 16 日报道配图的画面显示报道者是“远距离”拍摄武装分子的，这透露出一种消极情感——对恐怖分子的厌恶和疏远。这种消极情感会潜移默化地影响受众，因为作者和读者都是图像的互动参与者，作者提供的视角很容易被读者下意识地接受，这对于构建和影响他们的价值观具有重要的影响。

其次，从判断子系统来观察，新闻图片中所传达的判断也涉及“社会评判”和“社会约束”。图像中对恐怖分子的判断是间接表达出来，因为图片本身无法像语言那样来直接评价恐怖分子的为人和品行。我们需要综合两幅图片才能解释其中的评价意义。上文已经提及，从图片的取景方式和社会距离可以发现，作者对遇难者家属表示同情和亲近，对恐怖分子表示疏远，这一个强烈的对比可以从“社会约束”层面间接表达作者对暴徒持有消极的判断：恐怖分子残忍、非人道，应该从道德和法律层面得到制裁。图 5–1–1 的背景部分告诉我们巴黎已经恢复了正常生活，虽然是虚化的，但是作者也在“社会评判”方面作出了评价，即巴黎人民是勇敢和坚韧不拔的。虽然武装分子排列整齐，但他们的服装又不是统一的军服，皮卡加高射机枪也存在着一些不协调感。创作者想表达这些恐怖分子诚然是有组织有纲领的，但是他们并非是正规的军队，是土匪和非法武装。

最后，“鉴赏”是针对事件或过程的感受，可以是肯定的，也可以是否定的。鉴赏过程主要集中在价值评价上。图 5–1–1 通过遇害者家属的痛苦表情来间接表达对恐怖袭击的消极鉴赏，即恐怖袭击邪恶和反人道，具有极度消极的社会价值。11 月 16 日报道配图军车、枪械和他们身后的极端组织的旗帜具有“象征属性”，在对社会价值的鉴赏方面，这些物件间接表征了暴力、残忍、邪恶和非人道。配有的文字明显是一种恐吓，这种对无辜平民的生命进行威胁的行为本身就具有极端消极的社会价值。

第二节　多模态新闻语篇漫画评价模式

漫画是图片的一类，也是多模态新闻语篇中的重要组成部分，常常带有隐喻和讽刺的功能，其评价意义不容忽视。当地时间 2015 年 1 月 7 日，法国查理周刊杂志社位于巴黎的总部遭极端分子袭击，导致总共 10 多名漫画家、平民和警察死亡，多人受伤。暴徒的借口是不满该周刊屡屡讽刺先知穆罕默德，因此使用步枪和火箭弹袭击了正在开会的该刊编辑部，酿成 1945 年后巴黎伤亡最惨烈的恐怖袭击事件。

本书选取有代表性的西方媒体——英国广播公司（BBC）对这一事件的报道作为分析语料。我们在 BBC 的官方网站上选取了 2015 年 1 月 8 日的一篇题为《巴黎枪击事件：漫画家们展示查理周刊的团结》的多模态新闻报道，在该报道中除了文字部分，作者还展示了全球漫画家以此为主题创作的 15 幅优秀漫画作品。我们发现这些漫画的构图可以分为两种概念框架：袭击和反击。查理周刊袭击事件的相关报道主要体现了一种对抗，即恐怖分子和查理周刊社的漫画作家。他们之间的区别是漫画作家用辛辣和带有讽刺意味的漫画对社会进行评论，针砭时弊，维持言论自由；而极端分子却使用真枪实弹来杀害持不同意见者，用暴力和恐惧来封杀言论自由。

一、新闻漫画的含义

首先，从再现意义来看，这几幅漫画都体现了“叙事过程”，即其中都有“矢量”的参与，把多个“再现参与者”联系起来。图 5–2–1 和图 5–2–2 代表第一类漫画：恐怖分子冷酷杀害漫画家和无辜民众。图 5–2–1 中的矢量是枪的射击方向，而图 5–2–2 中的矢量是飞机的飞行或撞击轨迹。这其实也都是恐怖分子发动袭击的方向。而且图 5–2–1 还配有文字说明：“He drew first。”“drew”是一个双关语，既可以表示“拔出”，也可以理解为“绘制”或“画画”，那么这句文字说明就可以理解为：“他先拔（枪）”，或者“他先绘制（漫画）”。从中又可以凸显恐怖分子颠倒是非黑白，找借口袭击漫画家们的恶劣品行。而图 5–2–2 中的再现参与者，可以分为两个类别：画笔和飞机。这显然具有明显的“象征属性”，作者把查理周刊袭击事件比喻成了美国“911 恐怖袭击事件”，其中画笔被隐喻为纽约双子座大楼，而恐怖分子被隐喻为被劫持的客机。作者巧妙地把这两件恐袭事件联系在一起，让受众立刻就能明白这次袭击的性质和严重程度。

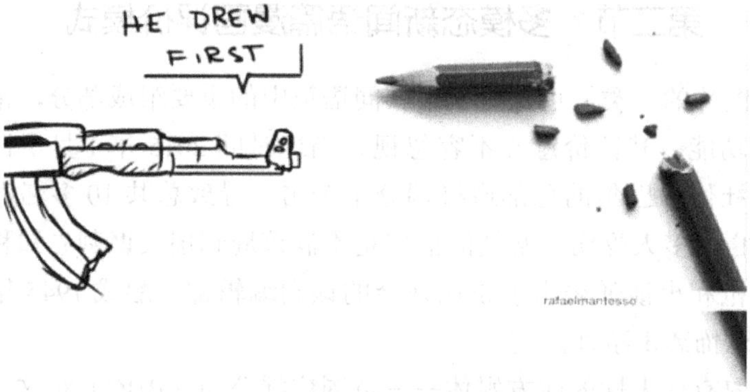

图 5–2–1　漫画“巴黎枪击事件”

图 5–2–2　漫画“画笔与飞机”

图 5–2–3 和图 5–2–4 代表第二类漫画：漫画家和杂志社运用舆论的力量对恐怖分子进行反击，这两幅漫画也反映了叙事过程。图 5–2–3 的再现参与者是逃跑的恐怖分子和无数的画笔、钢笔等各种类型的笔，后者具有明显的“象征属性”——世界各国的媒体工作者运用新闻媒介对恐怖分子发起口诛笔伐，进行反击，令其无处可逃。这个叙事过程的“矢量”就是“笔雨”的攻击和恐怖分子的逃窜方向。图 5–2–4 表面上来看是一幅照片，但是图中物品的摆放明显是经过刻意安排，表达特定含义的，所以这可以理解为一种特殊的构图或绘画过程，所以也应该属于漫画。创作者用各种绘画工具摆出了一把步枪的形状，这是一个非常明显的“结构化分析”过程——部分和整体都出现在图像中，我们可以清晰地了解该物件的构造。其中的“象征属性”是：舆论的力量是强大的，可以对恐怖分子进行坚决有效的反击。

图 5–2–3　漫画“逃跑的恐怖分子”

其次，从互动意义来分析，这几幅漫画中的再现参与者都没有和画外的互动参与者形成直接交流，如眼神的对视，这从“接触”的层面来看，属于一种“提供”信息的图像。但是图 5-2-4 的“枪口”朝向画外，没有对准读者，我们可以推断，它是指向恐怖分子的。这也可以在某种程度上理解为一种“索取”关系，向暴恐分子讨回正义。从“社会距离”的角度来观察，仅图 5-2-3 中出现了人物，而且人物占据画面的高度不到二分之一，所以体现的是一种“远距离”，表明了作者对恐怖分子的疏远和厌恶。“态度”是通过视角来表达的，图 5-2-1 和图 5-2-4 是“俯视”视角，突出浏览者的权力，让读者自己去判断恐怖袭击的性质，以及对此进行反击的必要性。图 5-2-2 采用了“平视”视角，强调了一种参与感，影射了“911 恐怖袭击”。图 5-2-3 描绘了舆论对恐怖分子的讨伐和反击，这些生动形象的画面需要“平视”视角来让受众达到一种身临其境的效果，从而增强其表现力。

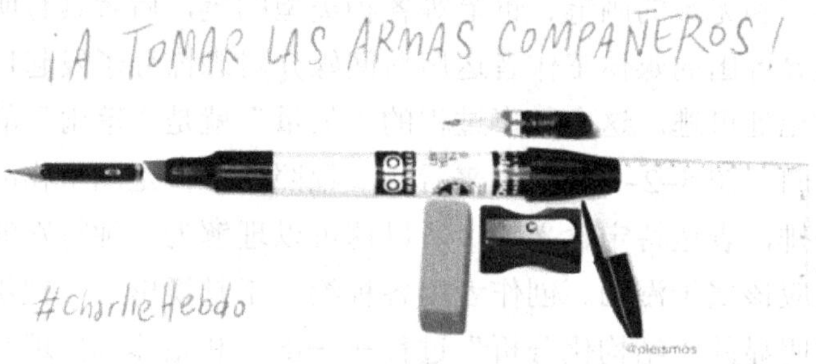

图 5-2-4　漫画“反击恐怖分子”

最后，从构图意义来看，图 5-2-1 和图 5-2-2 是一个典型的左右布局，可以形成一种认知上的联系或反差，以达到更好的说服效果。图 5-2-1 中，步枪和断裂的画笔形成了强烈的反差和对立。图 5-2-2 中，被劫持的飞机和画笔所象征的双子座大楼形成了强烈的动态冲突效果。图 5-2-3 是一个顶底布局，上方是无数的“笔雨”，占据了画面的大部分，形成一种泰山压顶的压迫感，而下方是抱头逃窜的渺小的恐怖分子，双发的力量对比和对抗结果显而易见。从“显著性”角度来分析，虽然这几幅漫画中没有任何物件是虚化的，但是除了图 5-2-1（步枪和画笔的现实比例基本相同）之外，其他几幅漫画都是通过所描绘对象的大小来进行显著性突出的。图 5-2-2 和图 5-2-3 中，象征媒体工作者的画笔占据了画面的绝大部分，而暴徒的比例非常渺小；在图 5-2-4 中，绘图工具所拼成的步枪是画面中唯一的物件，恐怖分子已经被挤出画面。

二、新闻漫画的评价机制

在充分了解了新闻漫画的表意机制后，我们可以运用评价理论来进一步揭示其评价功能。与文字相仿，图片所发挥的评价功能也可以分为显性和隐性。一般来说，漫画属于显性评价资源，因为它们往往通过比喻、夸张等修辞手法来鲜明地表达态度、情感和观点，如在漫画中把要批评的对象描绘为魔鬼或凶恶的人，把欲赞扬的人刻画成天使。相比之下，照片一般是隐性评价资源，因为人们往往认为它们是对真实世界的客观写照，不偏不倚地表达事实，但是照片的拍摄视角、取景、框选范围、光线的处理，以及与文字报道的搭配都可以折射出创作者的各种选择，从而进行隐性的评价。

马丁和怀特的评价理论给我们提供了一个非常好的揭示语篇评价意义的工具和视角。评价理论原本是用于分析显性的词汇资源的，运用到漫画的分析中势必要经过一些调整。但他们分析文本评价资源时所使用的框架、视角和分类标准等都可以借鉴过来用于漫画评价意义的分析。评价理论是在系统功能语言学人际功能的基础上发展起来的，主要关注语篇中所表现出来的各种态度、倾向或观点。

从“情感”层面来看，图 5–2–1 和图 5–2–2 主要映射了恐怖袭击事件，表达了消极的“现实型”情感——非快乐，断裂的画笔和即将被飞机撞击的大厦都透露出浓郁的悲情气氛，特别是图 5–2–2 还隐喻了“911 恐袭事件”，更加能够勾起人们以往的痛苦回忆，强调这种消极的情感。而图 5–2–3、图 5–2–4 主要表示对恐怖分子的反击，我们从对暴徒的描绘上就可以感觉出一种消极的“非现实型”情感——恐惧，即强有力的反击让恐怖分子望而生畏。虽然图 5–2–4 中并没有直接表现出情感，但充满整个画面的巨大步枪会让暴徒不寒而栗，隐性地表达出类似的情感。

从“判断”的角度来观察，图 5–2–1 中的两个再现参与者一方是恐怖分子使用的 AK 步枪，而另一方是漫画家们使用的画笔。他们都具有明确的“象征属性”。射击之后的步枪代表恐怖分子，象征他们的强悍和冷酷无情；而碎裂的画笔代表查理周刊的漫画家，象征生命的脆弱和牺牲。这样两种象征形成鲜明的对比，枪和画笔的对抗是不公平的，其结果是显而易见的，从而凸显出恐怖分子的卑鄙无耻的品格和漫画家捍卫言论自由的正义性。这种判断即描述了双方的才干或能力——属于“社会评判”，又揭示了各自的品行——属于“社会约束”。在图 5–2–3 和图 5–2–4 中，不管是“笔雨”还是绘画工具构成的步枪都表达了一种力量感，主要描述了作者对舆论力量反击恐怖分子的能力持一种积极的判断，即从“社会评判”角度进行的积极评价。

从“鉴赏”的层面来看，图 5-2-1 的断笔和图 5-2-2 即将被撞击的大厦都象征或预示着生命的陨落，这表明作者对恐袭事件的鉴赏主要是一种消极的“价值”判断——恐怖袭击残害生命，是非人道和令人发指的，应该从法律和道德层面对这种暴行进行严厉的制裁和惩罚。特别是图 5-2-2 把这次查理周刊的袭击事件和“911 恐怖袭击”巧妙地联系在一起，立刻能生动直观地揭示出该事件的恶劣性质，成功地利用隐喻进行了消极鉴赏。前面已经分析过，除了图 5-2-1 之外，其他三张漫画中，笔或者绘画工具明显被放大，而恐怖分子被缩小，从而可以看出，这些漫画试图凸显舆论自由和正义的强大力量，矮化恐怖分子。一方面表明对前者必将取得胜利的信心，显示了积极的非现实型情感；另一方面对查理周刊恐袭事件的是非曲直也巧妙地做出了价值鉴赏。

第三节　多模态新闻报道图文互动评价机制

我们的分析步骤是先运用视觉语法解析出新闻图片所蕴含的再现、互动和构图意义，再从情感、判断和鉴赏这三个方面来分析这些图片所投射的评价意义，最后再运用模态间性理论来揭示多模态新闻语篇图文互动的综合评价机制。在西方媒体的相关报道中，主流的配图可以分为两类：对恐袭遇难者的悼念（图 5-3-1）和对恐怖袭击嫌疑人的特写。在中国媒体的报道中所配发的图片也可以分为两类：对恐袭遇难者的悼念以及对恐袭后巴黎恢复正常的描绘（如图 5-3-2 和图 5-3-3）。我们选取了具有代表性的图片来进行对比分析。

一、新闻图像的评价意义

首先，从再现意义来看，图 5-3-1 展现的是一个概念过程，在这张图片中，我们找不到任何矢量来连接各个再现参与者。在该图片中，迷你的埃菲尔铁塔象征巴黎，而点燃的蜡烛表达了作者的悼念和缅怀之情。虽然主要是描述事物，但它们反映了民众悼念在巴黎恐怖袭击中丧生的无辜百姓，间接表达了创作者消极的现实型情感（非快乐）——对恐袭造成的伤亡感到悲伤。另外作者也借此间接地表达了对恐怖袭击事件的消极鉴赏，该鉴赏属于社会价值层面的评判——恐怖袭击非人道和残忍，应该受到谴责和控诉。《华盛顿邮报》刊登的一张恐怖分子照片则表现了一个叙事过程，恐袭的嫌疑人坐在车内，面露微笑，其中的矢量就是恐怖分子的视线，其眼神直视读者，因此与画面外的互动参与者形成了一种交流。表面上，该图像表露了一种积极的现实型情感——

快乐，但是这个叙事过程间接反映了恐怖分子的冷血和无情，从社会约束层面对恐怖分子进行了消极的判断：在发动了惨无人道的袭击之后还一笑置之，图片隐蔽地表达了对他们的消极判断——人性泯灭。

图 5-3-1　迷你埃菲尔铁塔和蜡烛

图 5-3-2 和图 5-3-3 都反映了叙事过程。图 5-3-2 描绘了一个巴黎市民暮霭中单车骑行的场景，矢量是单车运动的方向。图 5-3-3 叙述了一群中国游客在巴黎著名景点游览和拍照留念的情景，其中游客们的视线和手势构成了矢量。这两个叙事过程向人们展示了巴黎并没有因为恐怖袭击而乱了阵脚，相反人们的生活已经恢复正常。这在评价系统里面属于“社会评判”，即包括巴黎民众在内的世界各国人民具有乐观向上、勇敢坚毅的品质。从鉴赏的角度来看，这反映了报道者对恐袭后巴黎能够迅速复原，社会生活恢复正常所表示的赞赏和认同，属于反应型的鉴赏。游客脸上的笑容和暮霭中骑单车的市民所烘托出的恬静氛围，让读者觉得恐怖袭击似乎从来都没有发生过。这其实也是间接表达一种积极的非现实情感——对袭击过后的生活表示乐观和信心。

图 5-3-2　巴黎骑单车的人

图 5-3-3　巴黎景点的中国游客

其次，从图像的互动意义来观察，图 5-3-1 表达的情态是“提供”，而恐怖分子的照片是“索取”。因为图 5-3-1 仅仅是描述一个事实，向受众提供信息。而在恐怖分子的照片中，恐怖分子的视线是对准图外的互动参与者——读者的，这种微笑地注视其实隐含了报道者对恐怖分子品行的消极判断（社会约束）——暴徒是杀人不眨眼且以恐怖袭击为乐趣的。图片仅显示了嫌疑人肩膀以上的部分，这通常表示亲近，是一种积极的现实型情感。但是，作者选取这张照片是为了让读者更好地看清暴徒微笑的面部表情，形成强烈的反差，其实还是突出了一种消极判断——恐怖分子的残忍和无人性，无论是依据道德规范还是法律都是不可饶恕的。从取景的视角或态度来看，图 5-3-1 是一个俯视视角，突出了读者的审视权，报道者通过图片中烛光和爱心这些象征属性来间接烘托恐怖分子的残忍，潜移默化地影响读者的情感和态度。恐怖分子的照片是一个平视视角，表示融入，让受众感同身受地体会暴徒的冷酷和残忍。

图 5-3-2 也体现了“提供”的情态，向读者展示恐袭过后生活恢复平静。而图 5-3-3 是一种“索取”的情态，图中的游客可以向读者传达出这样的信息：巴黎是平静和安全的，能增强民众对法国的信心。在社会距离方面，图 5-3-2 和图 5-3-3 都属于远距离的构图，因为人物基本只占据画面的一半左右，故意拉开受众和再现参与者之间的距离，这显示了报道者要求受众冷静和理性地来看待恐袭，不要让恐惧妨碍自己原本的旅行和生活计划。表达了报道者对恐袭之后社会能够恢复正常的一种积极鉴赏，是对法国的支持。从取景的视角看，图 5-3-2 和图 5-3-3 都采用平视视角切入，强调了平等和融入感，能让读者感

受到法国宁静、安详和安全的氛围，体现出一种积极的现实型情感。这两幅图片再次强调危险已经过去，恐袭过后生活一切照旧，给生活在巴黎的民众和即将前往那儿的游客提供信心。

最后，从构图意义来看，图 5–3–1 是一个中置布局，埃菲尔铁塔位于中心，是最关键的信息，点燃的蜡烛围绕着它，表明民众的悼念和支持。图 5–3–2 是一个顶底布局，提供理想和真实信息，我们可以发现图 5–3–2 中也出现了埃菲尔铁塔，但它处于图片的顶部，而骑乘的市民在图片的底部。这样的布局告诉我们，人们也许对恐袭还心有余悸，认为巴黎依然危险，但是真实的情况是，一切已经恢复正常。这其实从另一个角度强化了对恐袭事件后法国环境的积极鉴赏，和对将来生活表达的积极非现实型情感——非恐惧。图 5–3–3 也是一个顶底布局，上方是巴黎著名的景点，下方是游客在景点附近参观留影，其表达的内涵和评价功能非常类似于图 5–3–2 所告诉受众的，危险已经过去，巴黎已经恢复正常。

综上所述，中西方媒体运用新闻配图所表达的评价意义各有侧重：前者主要对恐袭后的巴黎能够恢复正常社会和生活秩序作出积极的鉴赏。而后者主要表达消极的情感：对恐袭遇难者感到难过、对恐怖分子感到憎恶和恐惧；以及消极的判断：对恐怖分子恶劣的品行进行谴责。

二、图文互动评价机制

多模态语篇分析的一个核心议题就是不同模态或符号体系之间如何协同一致来形成整体意义，协同一致传达作者的意图，表达其态度、立场和观点。张德禄论述了多模态语篇各种不同符号系统之间的相互关系和复合模式。典型的多模态语篇形式是一种模态或符号系统无法完整表达作者的意图，而采用另外一种或几种模态来进行补充，这种模态之间的关系称为“互补关系”，而其他属于“非互补关系”。“互补关系”还可以进一步区分为“强化关系”和“非强化关系”。“强化关系”指的是一种模态为主，其他模态为辅的符际关系，即一种模态可以基本完整地表达作者的意图，但是另外一种或几种模态可以强化这种表意功能，如以文本为主的新闻报道，文字是主要的交际模态，而图片是辅助的表意系统。“非强化关系”表示两种或多种模态缺一不可，任何一种模态都无法单独表达完整的意义，只能共同作用来完成意义的构建，如在电视新闻报道中，图像和声音就必须相互协同才能产生完整的意义。

“非互补关系”指的是另一种模态对意义构建并没有实质性的贡献，只是作为一种附加模态的形式出现。“这种关系一般体现为以下几种形式：交叠、内包和语境交互。”“交叠”现象是两种模态同时出现，但他们并没有互相强化，而只是通过两种不同的符号系统表达一致的信息。“内包”是一种模态所表达的意义包括了另一种或几种模态所表达的意义总和，他们之间是整体与部分的关系。“语境交互”指的是模态与语境之间的关系，可以分为“独立语境”和“语境依赖”两种。如果多模态语篇和参与者所处的环境并无直接联系，那么这种语境就是独立语境；如果语篇和环境之间是相关的，那么语篇的表达就会对环境产生依赖性，语境对语篇的表达会产生支撑作用。

我们认为这种模态间关系理论同样适用于图文互动的复合评价模式，因为多模态语篇的评价意义也是其表达的整体意义的一个重要组成部分。我们发现图文互动的评价模式主要可以分成两种情况：文字和图片表达的评价意义不尽相同，但是两者之间存在着互相支持和印证的关系，增强新闻语篇的整体劝服能力；文字和图片的评价意义相近，两者之间存在着强化的关系。

对巴黎恐怖袭击报道的观察表明，主流西方媒体关于巴黎恐袭的报道绝大部分配以图片。但在很多报道中，图片与报道内容并没有直接的关联，这些报道中的图文关系，基本可以概括为非互补关系中的“语境交互”，即图片作为文字报道的语篇环境而存在，但又不是直接相关。如《法国警察突袭巴黎北部后，两名恐怖分子嫌疑人死亡》（《华盛顿邮报》，11 月 18 日）报道中的插图是两个巴黎市民在街头相拥哭泣的情景，表达了报道者的消极情感：对恐袭造成的伤亡表示伤心和遗憾。《法国开始向史上最严重的恐怖袭击让步》（《经济学人》，11 月 15 日），这则报道主要讲述法国如何应对恐怖袭击，但是配图却是一幅悼念恐袭遇难者的图片。《巴黎恐袭之夜对欧洲意味着什么——面对恐怖袭击欧洲是何等脆弱》（《经济学人》，11 月 14 日），这篇报道主要论述欧洲各国应该加强反恐的安保措施，各国存在哪些薄弱环节，从而给了恐怖分子可乘之机。而配发的图片是巴黎的一个著名建筑物降半旗向受袭者致哀的场景。这几篇报道主要是讨论法国和欧洲在这次恐袭之后要采取怎样的措施，文字部分表达的评价意义是消极的社会评判——巴黎的懦弱“让步”，以及消极的价值鉴赏——欧洲的“脆弱”。但配图都是表达对受害者的悼念，是一种消极的现实型情感——非快乐，为采取各种必要安全措施提供了支持和佐证。因此在图片提供的悲情语境下，报道的劝服力得到了增强，这比在报道中配发荷枪实弹的防暴警察的图片更能获得民众的支持。因此，在这一类报道中图片和文字的评价意义是相互支持的，综合表达了报道者的完整立场——巴黎不应该让步，欧洲应该强硬。

还有一小部分相关的多模态报道，其中文字和图片存在着直接的关联，它们通常是一种强化型的“互补关系”，即报道以文字为主，图片主要是用来为整体意义提供强化和支撑。如《华盛顿邮报》11 月 16 日报道的配图则是 ISIS 公布的威胁袭击美国的视频截图，全副武装的极端组织威胁向美国发出类似于巴黎的袭击，这是与文字报道非常契合的，图文关系属于强化型互补。文字和图片都表达了消极的非现实型情感——非安全（威胁），从而强化了这种评价功能。文章还另外配发了一张巴黎恐袭嫌疑人微笑示人的照片。这些图片与同一时间段内媒体中大量的表达哀悼和悲伤的图片形成了鲜明的对比，前者主要是对恐怖分子进行消极的判断（社会约束）：恐怖分子是残忍和无人性的，应该得到法律的制裁和惩罚。读者或受众的意识形态并不仅仅受到一篇报道的影响，一段时期持续的新闻报道才会对受众的认知产生影响，这些多模态新闻报道其实可以传递一种整体的评价意义：恐怖分子的凶残和没有人性，受袭击民众是无辜和脆弱的，前者是通过与后者的对比凸显出来的，从而可以劝服和引导人们厌恶和鄙视恐怖分子，为西方即将对恐怖分子展开的报复打击获得民意支持。

相比之下，中国主流媒体对此事件的报道中，图片和文字一般都紧密相关，形成一种强化型的“互补关系”，即以文字报道为主，新闻配图为辅，但文字和图片的评价意义基本相同。而且它们对巴黎恐袭报道的评价侧重点也与西方媒体有所不同。虽然中国媒体的报道也对恐怖袭击表示谴责（消极的鉴赏），对遇难者表示哀悼（消极的现实型情感），如报道《巴黎发生多起枪击爆炸袭击——上百人死亡》（《环球时报》，11 月 14 日）中的配图就是急救人员用担架抬着伤员送往救治点的情景。该报道文字和图片表达的评价意义基本一致，主要是对恐怖袭击这种残忍和非人道的行为进行消极的价值鉴赏，图片中被送往医院急救的伤员可以用最直观的形式来强化这种评价，潜在地影响受众的认知。

中国媒体把报道和评价重心放到了恐袭过后社会生活秩序的恢复上。11 月 16 日，《环球时报》一篇以《中国游客仍在巴黎拍照购物：巴黎不像想象中可怕》为题的报道描述了在巴黎全城戒严的情况下，国人已经一大早就去歌剧院照相（所称的歌剧院并非遭袭的巴塔克兰剧院，而是巴黎歌剧院），随后还去拉法耶特商场购物。该报道的配图是中国游客依然在巴黎街头拍照留念（图 5–3–3）。图文相互配合，这则报道表达了对巴黎恢复正常秩序和维护安全保障的信心，是从社会价值层面作出的积极鉴赏，是对受到恐怖袭击的法国人民的支持。该报道称，巴黎 15 日并没有全城戒严，有不少旅游团依然在此观光。其中不只有中国人，也包括日韩等多国游客。上述报道的配图强化了这种评价：

虽然发生恐怖袭击，但巴黎已经恢复秩序和安全，游客可以正常观光。“虽然大家很害怕恐怖袭击，但现在看来继续观光是对的，因为巴黎街头没有一丝恐怖气氛。很佩服巴黎人遇到这么大的恐怖袭击还可以照常生活”这段文字本身就对恐袭后巴黎的社会秩序和环境表示出积极的鉴赏，对巴黎人民的乐观和坚韧表达了积极的社会评判，从而和图片表达的评价意义互相呼应，强化了多模态新闻语篇的劝服效果。

另一篇题为《巴黎恐袭可能由三组恐怖分子协调完成》（新华网，11月15日），配图是在法国巴黎的共和国广场，人们将写有“我们不害怕”字样的纸牌与蜡烛放在一起，悼念恐怖袭击遇难者。报道援引国际奥委会主席巴赫对巴黎恐怖袭击事件的评价：对“卑劣而野蛮”的袭击行径“深表震惊”，并认为这次恐怖袭击不仅针对法国民众和巴黎，而是对“整个人类和奥林匹克价值的攻击”。文字报道部分对恐怖分子的品行作出了消极的判断（社会约束），而图片部分则对法国人民的品质作出了积极的判断——坚强乐观（社会评判），文字部分的评价更加强化了图片的评价效果—恐怖分子再凶残也不能让法国人民屈服。新华网11月15日的另一则报道题为《巴黎恐怖袭击之后的街头》，新闻配图是一名男子骑车从法国巴黎市区经过（图5–3–2），这也构成一种强化型的“互补关系”。我们可以看出中国媒体对于巴黎恐怖袭击的报道充满了正能量，它们对法国人民表示了积极的社会评判——勇敢、坚毅、不折不挠，对法国社会的鉴赏也是积极的。中国媒体没有大量直接对恐袭进行批评和指责，而是通过对恐袭过后巴黎能够迅速恢复，重新站起来给予了积极的评价。从中可以看出中西方媒体在报道时，特别是运用图片模态进行评价时所选取了不同的视角，会对受众的意识形态产生不同的影响。

中国媒体之所以这样报道是为了表明法国和欧洲仍旧是安全的，鼓励本国民众去那儿旅游、经商或留学，从而促进法国的旅游业和经济发展，是对法方的支持。而西方媒体的报道更多的是对逝者的哀悼，表达悲伤的情感，间接地对恐怖分子作出消极评价，发出严厉的控诉。这为其追击恐怖分子，打击ISIS提供了合理性，从而引导舆论走向，因为这样就可以获得国会和民意的支持，投入更多的资源用于反恐斗争。

第六章　多模态新闻语篇研究的现状与展望

新闻报道虽然力求客观公正，却很难将报道者的主观态度排除在外。随着现代传媒技术的发展，图文交互的多模态新闻语篇已经成为主流。新闻图片被认为能够客观地反映现实，但它们其实是一种隐性的评价资源。本书借鉴视觉语法和评价理论来探索新闻图片的评价模式，并选取西方主流媒体的相关报道进行例证分析。

本书将多模态符号学，特别是“模态间性”的研究成果应用于新闻语篇评价机制的构建。主要探索了新闻图像的表达特征及其与文字报道之间的相互关系，揭示了它们在新闻语篇中的综合评价效果，摸索出一个操作性强的分析框架，可以用来揭示多模态新闻报道中的观点和态度，并将这个理论框架应用于多模态新闻语篇的分析，证明了其有效性。

为了验证该分析框架的实际效果，我们运用该评价模型对比分析了中西方媒体对一些关注度比较高的事件的相关报道，如巴黎恐怖袭击、墨西哥地震等重大事件。我们选取了具有代表性和权威性的媒体——华盛顿邮报和中国日报作为新闻报道的取样来源，为了便于新闻图片的分析和采集，主要在这些媒体的官方网站上进行了相关报道的选取。

第一节　多模态新闻语篇研究的发现与不足

当代多模态新闻语篇主要以图文互动的形式呈现，因此图片的评价意义就成了评价研究的新课题。但是要揭示图片的评价意义，首先要能准确判断图像所传达的基本内涵。而这就要依靠多模态语篇分析或多模态符号学的研究。通过对比分析中西方媒体运用多模态新闻语篇对相关热点问题进行的报道，我们可以发现：视觉语法可以有效地揭示新闻图片的意义和内涵，但其评价意义并不是外显的，需要运用评价理论进一步发掘出其中潜藏的情感、态度和观点，新闻报道配发不同的图片往往可以达到不同的评价效果。

新闻报道中的图片特别是照片通常被认为是客观地再现和反映事实，不具有主观评价功能。而本书的分析表明，多模态新闻语篇中的图片同样具有评价功能，而且这种评价是隐性的，具有很强的说服力，将视觉语法和评价理论相结合可以有效揭示新闻图片的评价意义。虽然图片所再现的内容是真实的，但是具体拍摄哪些内容、框选范围、取景、拍摄角度、光线的明暗调节以及对特定内容的聚焦和虚化都在拍摄者的掌控之内。他们可能会有意无意地让自己的态度和偏好主宰了这种选择过程，而这个过程正是评价产生的过程。由于图片非常直观和有冲击力，令人印象深刻，其劝服效果要远远强于显性的评价词汇资源，因为后者往往会被认为带有报道者的主观意志和偏见。

新闻漫画也是当今多模态新闻语篇中的一个重要组成部分，它们和新闻照片最大的区别是：所表达的态度、情感和观点往往是外显的，特别是考虑到漫画中还有创作者加上的文字评注。由于漫画生动形象、可塑性强、言简意赅，因此往往比文字报道更具有说服力和影响力。本书发现综合运用视觉语法和评价理论可以有效揭示漫画所表达的含义，并在此基础上进一步揭示其评价意义。新闻漫画的评价意义是多模态新闻语篇整体评价功能的一个有机组成部分，对于构建多模态新闻语篇评价模式具有积极的意义。

作为一种隐蔽而有效的评价资源，新闻图片（包括漫画）可以增强报道的劝服效果，潜移默化地引导社会认知和舆论走向。多模态新闻语篇中，一般以文字报道为主，新闻图片为辅构成一个整体的评价意义，我们可以运用模态间关系理论来揭示它们之间的互动关系，以及整体评价意义的形成模式。希望本书能够引起学界对多模态新闻语篇评价意义的研究兴趣，推动语篇评价和多模态符号学的进一步发展。

语言学界对新闻语篇评价意义的研究成果丰硕，国内外学者在这方面进行了充分的研究，这为新闻语篇的评价提供了理论和研究方法的支撑。但这些研究主要针对文字报道，针对新闻语篇的其他模态或符号系统的评价研究还不够系统。本书主要关注多模态新闻语篇中图文互动的评价机制，但由于篇幅有限，对其他模态的表意和评价机制没有给予足够的关注。但随着网络传播媒介和多媒体技术的发展，集文字、图片、声音，甚至是视频为一体的多模态新闻报道已经成为主流。因此，我们必须对新闻语篇的评价资源作出全面深入地分析，多模态评价已经成为有待研究者去开拓的新空间。

但是如果想要弄清楚多模态语篇是如何表达意义的，我们就必须先揭示出各种模态或符号系统之间是如何协同运作来进行意义表达的，这其实比弄清单个模态的表意模式更为复杂，因为每一个多模态语篇都会涉及两个或多个模态，他们之间会产生微妙的相互作用，这是一个精密复杂得多符号表意系统。因此，弄清楚多模态语篇的复合表意模式是具有很大难度和挑战性的，比揭示单一模态的表意模型要更为重要。这是本书所欠缺的，今后的研究就应该涉及这一方面，力求探索出一个相对比较合理的多种符号协同建构意义的模式。

如何将模态间性的研究和语篇评价机制相结合是当前研究的另一个薄弱环节，即探索多模态新闻语篇中不同符号是如何在复杂互动的过程中产生的整体评价意义。由于评价理论主要是针对语言文字的，对其他模态的分析才刚刚起步，而且分析效果也有待验证，这造成了理论上的不足和研究上的困难。如何针对不同模态的特点和他们之间错综复杂的关系，来检验、补充和改进现有的评价体系是改进的重点。

第二节　多模态新闻语篇研究的展望

本书主要着眼于图文互动的评价机制，但是没有能够涉及声音、视频、空间布置等其他模态的表意机制和综合评价模式。因此，今后研究可以将多模态符号学，特别是“模态间性”的研究成果应用于新闻语篇评价机制的构建。探索不同符号或模态的表达特征和相互之间的关系，研究他们在新闻语篇中的综合评价效果，设计一个可操作性强的分析框架来揭示多模态新闻报道中的观点和态度。

将多模态符号学运用于新闻语篇的实证研究中，需要确定不同符号系统之间的关系，即这些符号在产生意义的过程中是怎样相互协调，构成一个和谐整体，从而发挥评价功能的。但我们对不同模态之间相互组合的规律性和特征仍然缺乏深入研究。多模态的互动，如各种模态是何时、何处加以整合，它们之间是互补还是重复，是同时出现还是有先后次序等，在今后的研究中都将受到特别重视。因此，后续的研究应该在这方面力求取得突破。

后续的研究可以通过探索新闻语篇中各种模态的表达特征和符号之间的关系，即“模态间性”来构建跨模态的综合语义分析模型。确定新闻报道中各种模态，特别是非文字符号所特有的表达特征；对所有模态作统一量化比较，这是构建跨模态分析模型并进行语篇分析的前提；探索各成分模态间的关系和互动模式，从而建立分析跨模态语义关系的框架，构建多模态新闻语篇的综合多符号模型；诠释“模态间性”引起的意义变化和扩展，包括两大机制，即共同空间性和符号隐喻性。将“模态间性”的研究成果与语篇评价理论的各个子系统相结合，探索新闻语篇的评价意义是如何在各种模态之间的互动中构建的，进而建构多模态新闻语篇的综合多符号评价模型。确定多模态新闻语篇中各个符号层面所特有的评价机理，探索各种模态之间的互动所形成的综合评价机制，包括评价意义的强化、抵消、补充、扩展等复杂关系。

参考文献

［1］梁茂成，李文中，许家金．语料库应用教程［M］．北京：外语教学与研究出版社，2010.

［2］刘继南，何辉．中国形象：中国国家形象的国际传播现状与对策［M］．北京：中国传媒大学出版社，2006.

［3］曲卫国．语用学的多层面研究［M］．上海：复旦大学出版社，2012.

［4］孙有中．解码中国形象：《纽约时报》和《泰晤士报》中国报道比较（1993—2002）［M］．北京：世界知识出版社，2009.

［5］辛斌．批评语言学：理论与应用［M］．上海：上海外语教育出版社，2005.

［6］陈瑜敏．奥运电视公益广告多模态评价意义的构建［J］．北京科技大学学报（社会科学版），2008（3）：108-114.

［7］段业辉，杨娟．论新闻语言的主观化［J］．江海学刊，2006（6）：197-203.

［8］冯德正，亓玉杰．态度意义的多模态建构——基于认知评价理论的分析模式［J］．现代外语，2014（5）：585-596.

［9］顾曰国．多媒体、多模态学习剖析［J］．外语电化教学，2007（2）：3-12.

［10］胡壮麟．社会符号学研究中的多模态化［J］．语言教学与研究，2007（1）：1-10.

［11］胡壮麟．PowerPoint——工具、语篇、语类、文体［J］．外语教学，2007（4）：1-5.

［12］胡壮麟．谈多模态小品中的主体模态［J］．外语教学，2011（4）：1-5.

［13］李战子．多模式话语的社会符号学分析［J］．外语研究，2003（5）：1-8.

［14］李战子．评价理论：在话语分析中的应用和问题［J］．外语研究，2004（5）：1-6.

[15]李战子，陆丹云.多模态符号学：理论基础，研究途径与发展前景[J].外语研究，2012（2）：1–8.

[16] 刘世铸.评价理论在中国的发展 [J].外语与外语教学，2010（5）：33–37.

[17] 刘世铸，韩金龙.新闻话语的评价系统 [J].外语电化教学，2004（4）：17–21.

[18] J.R. 马丁，王振华.实现化、实例化和个性化——系统功能语言学的三种层次关系 [J].上海交通大学学报（哲学社会科学版），2008（5）：73–81.

[19] 马伟林，张欢雨.突发性事件报道中的自言和借言 [J].外语教学，2015（2）：41–44.

[20] 潘艳艳.政治漫画中的多模态隐喻及身份构建 [J].外语研究，2011（1）：11–15.

[21] 潘艳艳，董典.美国主流新闻媒体建构中国形象和大国关系的话语策略研究——以 2016 中俄联合军演的相关报道为例 [J].西安外国语大学学报，2017（3）：50–56.

[22] 潘艳艳，张辉.多模态语篇的认知机制研究——以《中国国家形象片·角度篇》为例 [J].外语研究，2013（1）：10–19.

[23] 裘燕萍.部分投射及其在新闻语类中的评价功能 [J].外国语（上海外国语大学学报），2007（3）：32–38.

[24] 曲卫国，陈流芳.后现代知识批判的悖论：谈谈系统知识与思辨之关系 [J].当代外语研究，2017（3）：15–19.

[25]石春煦，王振华.多模态历史教科书中评价语义的图文双重建构[J].当代外语研究，2015（9）：8–14.

[26]唐岚.美国媒体对华报道的批评话语分析[J].长春师范学院学报（人文社会科学版），2009（5）：15–19.

[27] 王金巴.媒体话语的意识形态分析——批评话语分析法 [J].西安外国语大学学报，2015（3）：54–59.

[28] 王天华.新闻语篇隐性评价意义的语篇发生研究 [J].外语学刊，2012（1）：104–107.

[29] 王振华.评价系统及其运作——系统功能语言学的新发展 [J].外国语（上海外国语大学学报），2001（6）：13–20.

[30] 王振华."硬新闻"的态度研究——"评价系统"应用研究之二 [J].

外语教学，2004（5）：31–36.

[31]王振华，张大群，张先刚. 马丁对语篇语义的研究[J]. 当代外语研究，2010（10）：43–49.

[32] 韦琴红. 多模态化与大学生多元识读能力研究 [J]. 外语电化教学，2009（2）：28–32.

[33] 辛斌. 新闻语篇转述引语的批评性分析 [J]. 外语教学与研究，1998（2）：7.

[34] 辛斌. 批评语言学与英语新闻语篇的批评性分析 [J]. 外语教学，2000（4）：44–48.

[35] 辛斌.《中国日报》和《纽约时报》中转述方式和消息来源的比较分析 [J]. 外语与外语教学，2006（3）：1–4.

[36] 杨娜，吴鹏. 基于语料库的媒介话语分析——以《纽约时报》对华妇女报道为例 [J]. 国际新闻界，2012（9）：48–58.

[37]杨信彰. 多模态语篇分析与系统功能语言学[J]. 外语教学，2009(4)：11–14.

[38] 俞燕明. 新闻漫画多模态隐喻表征方式研究——模态配置的类型、特点及理据 [J]. 外语研究，2013（1）：1–9.

[39] 张大群. 评价的组篇功能研究：历史与现状 [J]. 外语教学，2010（2）：1–5.

[40] 张大群，桑迪欢. 语篇中的评价：显性与隐性 [J]. 华东交通大学学报，2011（2）：91–96.

[41] 张德禄. 多模态话语分析综合理论框架探索 [J]. 中国外语，2009（1）：24–30.

[42] 张德禄，王璐. 多模态话语模态的协同及在外语教学中的体现 [J]. 外语学刊，2010（2）：97–102.

[43] 张欢雨. 朝鲜伊朗核问题英语新闻报道的态度分析和对比 [J]. 重庆工商大学学报（社会科学版），2010（2）：155–160.

[44] 张欢雨. 基于评价理论的朝核问题英语新闻报道的态度分析 [J]. 安徽工业大学学报（社会科学版），2010（2）：88–91.

[45]赵秀凤. 概念隐喻研究的新发展——多模态隐喻研究[J]. 外语研究，2011（1）：1–10.

[46] 朱永生. 多模态话语分析的理论基础与研究方法 [J]. 外语学刊，2007（5）：82–86.

［47］Barthes，R. Image–Music–Text［M］. London：Fontana，1977.

［48］Barthes，R. Mythologies［M］. St Albans：Paladin，1973.

［49］Fairclough，N. Critical Discourse Analysis：The Critical Study of Language［M］. London：Pearson Education，2010.

［50］Forceville，Charles J. & Urios–Aparisi，Eduardo. Multimodal Metaphor［M］.Berling：Walter de Gruyter，2009.

［51］Forceville C. Pictorial Metaphor in Advertising［M］. London：Routedge，1996.

［52］Halliday，M.A.K. Explorations in the Functions of Language［M］. London：Edward Arnold，1973.

［53］Halliday，M.A.K. Language as Social Semiotic：The Social Interpretation of Language and Meaning［M］. London：Edward Arnold，1978.

［54］Halliday，M.A.K. An Introduction to Functional Grammar［M］. London：Edward Arnold，1985.

［55］Halliday，M.A.K. & Christian Matthiessen. Construing Experience Through Meaning：A Language–based Approach to Cognition［M］.London：Continuum，1999.

［56］Halliday，M.A.K. & Christian Matthiessen. An Introduction to Functional Grammar［M］. London：Hodder Arnold，2004.

［57］Halliday，M.A.K. & Hasan，R. Language，Context and Text：A Social Semiotic Perspective［M］. Geelong，Vic.：Deakin University Press，1985.

［58］Hertz，R. Death and the Right Hand［M］. Aberdeen：Cohen and West，1960.

［59］Jakobson，R. and Halle，M. Fundamentals of Language［M］.The Hague：Mouton，1956.

［60］Jewitt，C. Handbook of Multimodal Analysis［M］. London：Routledge，2009.

［61］Kandinsky，W. Concerning the Spiritual in Art［M］. New York：Dover Publications，1977.

［62］Kress，G. Literacy in the New Media Age［M］.London：Routledge，2003.

［63］Lakoff，G. & Johnson，M. Metaphors We Live By［M］. Chicago：University of Chicago Press，1980.

［64］Lakoff，G. Women，Fire and Dangerous Things：What Categories Reveal About the Mind ［M］. Chicago：University of Chicago Press，1987.

［65］Kress，G & Van Leeuwen，T. Color as A Semiotic Mode：Notes toward A Grammar of Color ［J］. Visual Communication，2002，1（3）：343–369.

［66］Lazar，A. & M. M. Lazar. The Discourse of the New World Order："Out–casting" the Double Face of Threat ［J］. Discourse & Society，2004，15（2）：223–242.

［67］Kress & Van Leeuwen. Reading Images：The Grammar of Visual Design ［M］. London：Routledge，1996

［68］Kress，G. Van Leeuwen，T. Multimodal Discourse：The Modes and Media of Contemporary Communication ［C］. London：Arnold，2001.